RADIKALES TIERRECHT

IFK Internationales Forschungszentrum
Kulturwissenschaften / Kunstuniversität Linz in Wien

lectures & translations

Hg. von Karin Harrasser und Thomas Macho

JÉRÔME SEGAL

Radikales Tierrecht

Zehn Fragen zum Antispeziesismus

Aus dem Französischen von Brita Pohl

TURIA + KANT
WIEN–BERLIN

Bibliografische Information der Deutschen Nationalbibliothek
Die Deutsche Bibliothek verzeichnet diese Publikation in der Deutschen Nationalbibliografie; detaillierte bibliografische Daten sind im Internet über http://dnb.ddb.de abrufbar.

Bibliographic Information published by
Die Deutsche Nationalbibliothek
The Deutsche Bibliothek lists this publication in the Deutsche Nationalbibliografie;
detailed bibliographic data are available on the Internet at http://dnb.ddb.de.

ISBN 978-3-98514-085-5

Cover: Bettina Kubanek, Visuelle Gestaltung, Berlin

VERLAG TURIA + KANT
A-1020 Wien, Leopoldsgasse 14
Büro Berlin: D-10827 Berlin, Crellestraße 14
info@turia.at | www.turia.at

Inhalt

Vorwort

»Antispeziesismus«? Im Französischen wurde das Wort erst 2020 in das Wörterbuch Larousse aufgenommen und ist dem breiten Publikum noch weitgehend unbekannt, und in einer Zeit, in der Intellektuelle häufig in Misskredit gebracht werden, in der politische Ideen unter Generalverdacht stehen, ist der Begriff wenig attraktiv. Im deutschsprachigen Raum wurde das Wort »Antispeziesismus« bisher noch nicht in den Duden aufgenommen, während »Speziesismus« bereits seit dem Jahr 2000 offiziell Teil des deutschen Wortschatzes ist. Eine Analyse mit Ngram Viewer zeigt, dass das französische Wort »antispécisme« zwar nicht sehr verbreitet ist, aber doch zehnmal häufiger verwendet wird als seine Pendants auf Deutsch und Englisch (»Antispeziesismus«, »antispeciesism«).[1] Als Wort impliziert »Antispeziesismus« bereits in seinem Aufbau, dass es im Gegensatz zum Speziesismus steht, was uns auch nicht viel weiterbringt; zumindest lässt sich daraus schließen, dass Antispeziesist:innen »gegen« etwas sind, was immer weniger attraktiv ist, als für eine Sache einzutreten. Müssen sie sich ständig auf den Gegenstand ihrer Ablehnung beziehen? Allerdings wurde

[1] Der Text wurde für die deutsche Fassung dieses Buches überarbeitet und aktualisiert.

der Begriff »Speziesismus« nach dem Muster von »Rassismus« und »Sexismus« geprägt, insofern ist es nur logisch, sich dagegen aussprechen zu wollen, und das erste Kapitel des Buches wird die Frage beantworten, was Antispeziesismus ist.

Hier wollen wir zunächst festhalten, dass der Antispeziesismus die philosophische und politische Grundlage der Tierrechtsbewegung ist, dass es darum geht, eine Berücksichtigung der Interessen der Tiere zu fordern, und dass diese Berücksichtigung nicht nur sehr konkrete Maßnahmen nach sich zieht, sondern zudem ein tiefgreifendes Hinterfragen dessen, wie unsere Gesellschaften funktionieren. In Frage gestellt wird damit der Anthropozentrismus und mit ihm eine bestimmte Konzeption des Humanismus (siehe Kapitel 9). Insofern unsere Gesellschaften es geschafft haben, dank Kopernikus und Galileo den Geozentrismus aufzugeben, die Sklaverei abzuschaffen und (zumindest in Gesetzestexten) das Problem des Sexismus in Angriff zu nehmen, meinen Antispeziesist:innen, dass es heute notwendig ist, den Speziesismus aus der Welt zu schaffen und das Werk Darwins zu Ende zu denken. Da der Mensch ein Tier ist, genauer ein Primat aus der Familie der Hominiden (wie Schimpansen, Orang-Utans oder Gorillas), gibt es keinen Grund, ihm alle Rechte über die anderen Arten zuzugestehen. Zudem erklärt die Wissenschaft Tag für Tag, dass das, was man »menschliche Besonderheiten« nennt, in dem Maße verschwindet, wie man die »nichtmenschlichen« Tiere besser versteht. Verhaltensforscher:innen, Zoolog:innen, Psycholog:innen, Behaviorist:innen und Primatolog:innen publizieren ständig neue Erkenntnisse, die nahelegen, dem Menschen wieder seinen Platz unter den anderen Spezies zuzuweisen.[2]

Insofern der Antispeziesismus nun eine Weltanschauung ist, verlangt er von uns, unser Verhalten völlig zu verändern, sei es unsere Ernährung, unsere Freizeitaktivitäten oder die Art, uns zu kleiden: die Zucht und allgemeiner den Konsum von leidensfähigen Tieren aufzugeben, nicht nur den Stierkampf, sondern auch Zoos abzuschaffen, die nun als »Tiergefängnisse« zu betrachten sind, auf Leder zu verzichten, da es sich dabei um Kuh- oder Stierhaut handelt, ebenso auf Wolle usw.

Die Ausbeutung von Tieren durch den Menschen nimmt heute kaum vorstellbare Ausmaße an. Der Ernährungs- und Landwirtschaftsorganisation der Vereinten Nationen zufolge werden jedes Jahr 70 Milliarden Landtiere letztlich für den kulinarischen Genuss der Menschen getötet; zählt man Wassertiere dazu, steigt diese Zahl auf 1 000 Milliarden.[3] In eineinhalb Jahren werden mehr Landtiere getötet als je Menschen auf der Erde gelebt haben (100 Milliarden). Mit Jean-Marc Gancille

---

[2] Vgl. etwa Frans de Waal, *Are We Smart Enough to Know How Smart Animals Are?* New York: W. W. Norton & Co., 2016.

[3] Daten der FAO, abrufbar unter http://www.fao.org/faostat/en/#data/QCL/.

könnte man von einem regelrechten Blutbad sprechen, dessen Auswirkungen auf die Umwelt langsam allgemein anerkannt werden.[4]

Nehmen wir nur die Emissionen von anthropogenen (also durch menschliche Aktivität verursachten) Treibhausgasen: Laut der Ernährungs- und Landwirtschaftsorganisation der Vereinten Nationen verursacht die Viehzucht 14,5% aller dieser Emissionen und damit mehr als der gesamte Verkehr (14,1%[5]). Die Viehzucht ist eine größere Belastung als alle Autos, alle Lastwagen, alle Flugzeuge, alle Schiffe zusammen. Auf dem Planeten dienen nicht weniger als 70% des vom Menschen genutzten Bodens der Ernährung von Vieh (und nicht direkt der Menschen). Hier wären auch die Pandemien anzusprechen: Vogelgrippen, die sich über die Geflügelzucht ausbreiten, verursachen Millionen Tote. Zur Erinnerung, die Vogelgrippen von 1957 und 1968 (die jeweils als »asiatische Grippe« und »Hongkong-Grippe« bekannt wurden) forderten zwei, laut WHO drei Millionen Tote. Anfang 2020 löste eine Epidemie eines neuen Coronavirus, SARS-CoV-2, die Krankheit Covid-19 aus, die von Fledermäusen ausging und über den Konsum eines Zwischenwirts (wahrscheinlich auf dem Tiermarkt von Wuhan) auf den Menschen übersprang. Mehr als zwei

---

[4] Jean-Marc Gancille, *Carnage – pour en finir avec l'anthropocentrisme*. Paris: Rue de l'échiquier, 2020.

[5] http://www.fao.org/livestock-environment/.

Drittel der Erdbewohner waren mit Ausgangssperren belegt, im Jahr 2020 oft zweimal hintereinander, die Wirtschaft kam zum Erliegen und bis zum Sommer 2023 waren mehr als sieben Millionen Menschen verstorben …

Es geht auf den folgenden Seiten jedoch nicht darum, die ökologische und gesundheitliche Notwendigkeit aufzuzeigen, die Viehzucht aufzugeben. Umweltschutz und Antispeziesismus sind zudem nicht immer leicht miteinander vereinbar (siehe Kapitel 5). Es geht vielmehr darum, den Antispeziesismus in seinen vielfältigen Ausdrucksformen zu betrachten, im Zusammenhang mit anderen Weltanschauungen und als radikale Bewegung im etymologischen Sinne des Begriffs – »radikal« leitet sich vom Lateinischen *radix,* »Wurzel« ab –, da der Antispeziesismus eine der Grundlagen unserer Gesellschaften angreift, den Speziesismus.[6]

So wird etwa deutlich werden, welche Verbindungen zwischen dem Antispeziesismus einerseits und Sozialismus und Anarchismus andererseits bestehen, die an dessen Entwicklung Anteil hatten (Kapitel 2). Wir wer-

---

[6] Jüngere Arbeiten zum Antispeziesismus sind u. a. Tobias Leenaert, *Der Weg zur veganen Welt: Ein pragmatischer Leitfaden.* Bielefeld: transcript, 2021; Alexia Renard und Virginie Simoneau-Gilbert, *Que veulent les véganes? - La cause animale, de Platon au mouvement antispéciste*, FIDES, 2021; Yves Bonnardel und Axelle Playoust-Braure, *Solidarité animale: défaire la société spéciste.* Paris: La Découverte, 2020; Valéry Giroux, *L'Antispécisme.* »Que sais-je?«, Nr. 4142. Paris: PUF, 2020; Jérôme Segal, *Animal radical: histoire et sociologie de l'antispécisme.* Montréal, QC: Lux Éditeurs, 2020.

den uns auch bezüglich der maßgeblichen Rolle von Frauen in der antispeziesistischen Bewegung Gedanken machen (Kapitel 3), über die Position der Antispeziesist:innen zu Kapitalismus, Veganismus und Religionen (Kapitel 4, 6 und 7), und darüber, was der Antispeziesismus uns über mögliche Konvergenzen der Kämpfe zu sagen hat, bevor wir uns dem Gesellschaftsentwurf zuwenden, den der Antispeziesismus vorlegt (Kapitel 8 und 10).

Die Antworten auf die zehn aufgeworfenen Fragen haben jeweils nicht die Absicht, die Leserinnen und Leser von der Richtigkeit des Antispeziesismus zu überzeugen, sondern vielmehr zu versuchen, die Grundlagen dafür bereitzustellen, dass jeder Bürger, jede Bürgerin sich eine eigene Meinung über eine politische und philosophische Bewegung bilden kann, die heute unbestreitbar immer mehr an Bedeutung gewinnt.

1
Was ist Antispeziesismus?

Antispeziesismus ist keine Ernährungsweise!

Beginnen wir damit, was am bekanntesten ist: den Veganer:innen und ihrer Ernährungsweise. Wie wir noch sehen werden, bestehen enge Verbindungen zwischen den beiden Bewegungen, obwohl sich der Antispeziesismus nicht auf den Veganismus beschränkt (Kapitel 6). Darüber hinaus werden viele Veganer:innen später zu Antispeziesist:innen. Anfangs, seit der griechischen Antike, aber auch im Indien des zehnten Jahrhunderts vor unserer Zeitrechnung, finden sich Texte, die eine vegetarische Lebensweise befürworten. Es gilt, auf den Konsum von tierischem Fleisch zu verzichten, im Allgemeinen im Gefolge der Ablehnung von Tieropfern und gemäß einem Glauben an die Seelenwanderung (die Reinkarnation der Seele). Im Westen rühmt am Ende des sechsten Jahrhunderts vor unserer Zeitrechnung Pythagoras eine derartige Ernährung und findet so viele Nachahmer:innen, dass man bis zum Ende des neunzehnten Jahrhunderts, zumindest auf Französisch, von der »pythagoreischen Ernährung« sprach, bevor sich der Begriff »vegetarische Ernährung« durchsetzte.[1]

---

[1] Zur Geschichte des Veganismus insbesondere in der Antike, vgl. das

Nach und nach organisierten sich die Vegetarier:innen, und der erste Vegetarierverein wurde 1847 im Vereinigten Königreich gegründet. Angesichts der Misshandlungen, die mit der Produktion von Eiern und Milchprodukten einhergehen, forderten Donald Watson (1910–2005) und Elsie Shrigley (1899–1978) die Einrichtung eines Sonderteils im Bulletin der Londoner Sektion des Vegetariervereins, um dieses Thema zu behandeln. Die Führungsriege dieses Vereins fand Watson zu extrem, sogar asozial, und da ihm diese Bitte verweigert wurde, spaltete er sich 1944 ab und gründete mit seiner Ehefrau Dorothy, Shrigley und einigen Freund:innen die Vegan Society, die eine unabhängige Zeitschrift, *The Vegan News,* herausgab, wobei die drei ersten und die beiden letzten Buchstaben des Wortes »vegetarian« aufgegriffen werden, was »vegan« ergibt.

Die befolgte Ernährungsweise ist »vegan«, aber der Veganismus geht weiter, indem er sich als Bewegung konstituiert, die Tierleid bekämpfen will. Gleich in der ersten Nummer der Zeitschrift schreibt Watson:

> Es ist deutlich zu sehen, dass unsere heutige Kultur auf der Ausbeutung von Tieren aufbaut, so wie frühere Zivilisationen auf der Ausbeutung von Sklaven beruhten, und wir sind der Meinung, dass es das spirituelle Schicksal

---

erste Kapitel des Buchs von Renan Larue, *Le Végétarisme et ses ennemis.* Paris: PUF, 2015.

> des Menschen ist, mit der Zeit mit Schrecken auf die Vorstellung zurückzublicken, dass der Mensch sich von aus Tierleichen hergestellten Produkten ernährt hat.[2]

Von Anfang an definierte sich der Veganismus im Kontext eines Kampfes gegen Unterdrückung, hier mit einer wichtigen Parallele zu den Verfolgungen, die Menschen im Zuge ihrer Versklavung erlitten haben. Veganer:innen lehnen nicht nur eine Ernährung ab, die aus Tierleid hervorgeht, sie kämpfen auch für die Abschaffung von Zirkussen mit Tieren (ob diese nun Wildtiere sind oder nicht), des Leders (als Kleidung oder Bezug von Gegenständen), der Wolle, der Bettwäsche mit Geflügeldaunen usw. Veganer:innen lassen sich also nicht allein auf ihre Ernährungsweise reduzieren und der Antispeziesismus bildet den Ideenhorizont, an dem sie sich orientieren.

Ein in den 1970er Jahren eingeführter Begriff

Historisch taucht die Sorge um den Tierschutz zu Anfang des neunzehnten Jahrhunderts zunächst im Vereinigten Königreich auf, später in Deutschland mit dem ersten Tierschutzverein (Stuttgart, 1837) und auch in Frankreich mit der Gründung der Societé protectrice des animaux auf nationaler Ebene 1845. Fünf Jahre später

[2] Donald Watson, *The Vegan News*, Nr. 1, November 1944.

wird in Frankreich das Grammont-Gesetz verabschiedet. Es sieht symbolische Strafen für willkürliche Gewalt gegen bestimmte Nutztiere vor, im Wesentlichen aus ökonomischen Gründen: Kutscher, die ihre Pferde zu brutal behandelten, verringerten deren Lebensdauer; Tiere, die am Weg zum Schlachthof auf den Wagen zu eng zusammengepfercht wurden, verendeten womöglich und eigneten sich damit nicht mehr für den menschlichen Verzehr; und schließlich konnte die Gewalt gegenüber Tieren, die häufig öffentlich ausgeübt wurde, womöglich zu Gewalt unter Menschen führen. Erst am Ende des neunzehnten Jahrhunderts sind Männer und Frauen gewillt, sich für die Tiere einzusetzen, und dies im Zusammenhang mit bestimmten Kontexten, die von Sozialismus und Anarchismus geprägt sind (siehe nächstes Kapitel). Zum ersten Mal findet dieser Kampf im Namen der Interessen der Tiere selbst und aufgrund einer Vorstellung von sozialer Gerechtigkeit statt, die sich auch auf »nichtmenschliche« Tiere erstreckt.

Im Laufe des zwanzigsten Jahrhunderts wurden unterschiedliche Gesellschaftsentwürfe entwickelt, die von einem Verhältnis zu Tieren geprägt sind, das nicht auf deren Ausbeutung beruht. Der Veganismus, der sich, wie bereits gezeigt, am Ende des Zweiten Weltkriegs in Form von Vereinen konstituiert hat, etablierte sich allerdings nicht gleich als philosophische und politische Bewegung im besten Sinne. Diese Entwicklung vollzog sich gegen Ende der 1960er Jahre an der Universität Oxford. Studierende wie Stanley und Roslind Godlovitch aus Kanada oder der britische Psychologe Richard Ryder, die bereits vegetarisch lebten, bildeten eine Arbeitsgruppe, die später als »Oxford-Gruppe« bekannt wurde. Ihre erste Publikation aus dem Jahr 1971 trug den Titel *Tiere, Menschen und Moral: eine Untersuchung zur Misshandlung von nichtmenschlichen Wesen.*[3] Der australische Philosoph Peter Singer (geb. 1946), der ebenfalls von 1969 bis 1973 in Oxford lebte und der Gruppe nahestand, erinnert sich:

> Meine Freunde und ich hofften, es [= das Buch] würde eine ausgedehnte öffentliche Diskussion über diese Fragen auslösen. Doch es wurde ignoriert. Keine einzige große Zeitung besprach es. Es wurde wohl lediglich für ein weiteres Buch zum Tierschutz gehalten, ein Thema, das nur alte Jungfern mit ihren Katzen interessierte.[4]

Singers Bemerkung über die »alten Jungfern« ist nicht unwesentlich, da durchaus ein starkes, oft unbewusstes Vorurteil besteht, das einen Zusammenhang zwischen Männlichkeit und fehlendem Mitleid gegenüber Tieren

---

[3] Stanley Godlovitch, Roslind Godlovitch und John Harris, *Animals, Men, and Morals: An Enquiry into the Maltreatment of Non-Humans*. London: Victor Gollancz, 1971.

[4] Peter Singer, *Henry Spira und die Tierrechtsbewegung*. Aus dem Englischen von Hermann Vetter und Claudia Schorcht. Erlangen: Harald Fischer, 2001. S. 62.

herstellt. Sich für Tiere zu interessieren, wird vielfach als typisch für einen Mangel an Virilität betrachtet; dieses Thema überlässt man den Frauen und sogar den »alten Jungfern«, denen man Misanthropie, wenn nicht sogar unverhohlene Männerfeindlichkeit unterstellt (siehe Kapitel 3). Singer, der sich der Bedeutung dieser entstehenden Bewegung bewusst war, gelang es 1973, eine Rezension des Buches der Oxford-Gruppe im berühmten *New York Review of Books* unterzubringen. Diese Besprechung markierte den Beginn eines Aufschwungs der Bewegung, der umso stärker war, als Singer danach sein Buch *Die Befreiung der Tiere* schrieb, das 1975 erschien und rasch zum wichtigsten Referenzwerk der antispeziesistischen Bewegung wurde.

Singer popularisierte einen Begriff von Richard Ryder: »Speziesismus«. Bezüglich der Zeit am Ende der 1960er und zu Beginn der 1970er Jahre erzählt Ryder, wie er den Begriff in eine politische Perspektive eingeordnet hat:

> Die Revolutionen der 1960er Jahre gegen Rassismus, Sexismus und Klassismus [Diskriminierung aufgrund der Zugehörigkeit zu einer sozialen Klasse] haben die Tiere praktisch vergessen. Das beunruhigte mich. Ethik und Politik vernachlässigten damals die nichtmenschlichen Wesen völlig. Alle schienen einfach damit beschäftigt, die Vorurteile gegenüber Menschen abzubauen. Hatten sie denn noch nie von Darwin gehört? Auch ich verabscheute den Rassismus, den Sexismus und den Klassis-

> mus, aber warum da stehenbleiben? Als in einem Krankenhaus [in dem Vivisektionen durchgeführt wurden] arbeitender Wissenschaftler war ich überzeugt, dass Hunderte andere Tierspezies wie ich Angst, Schmerz und Not erleiden. Dagegen musste etwas geschehen. Wir mussten das Schicksal anderer Spezies mit unserem vergleichen. 1970 lag ich eines Tages in der Badewanne im Herrenhaus Sunningwell in der Nähe von Oxford, und plötzlich kam es mir: SPEZIESISMUS![5]

Damals verfasste Ryder ein Flugblatt, das damit beginnt, daran zu erinnern, dass man seit Darwin weiß, dass zwischen Menschen und anderen Tieren kein essentieller, »magischer« Unterschied besteht. Er argumentiert, das physische Kontinuum zwischen den Spezies müsse zu einem »moralischen Kontinuum« in Bezug darauf führen, wie wir nichtmenschliche Tiere behandeln. Mit rationalen Argumenten attackierte er die Vivisektion und wollte »die Aufmerksamkeit auf den logischen Denkfehler der aktuellen moralischen Position« lenken.

Die Parallele zum Rassismus ist weitreichend, denn Ryder schreibt: »das Wort ›Spezies‹ ist wie das Wort ›Rasse‹ nicht exakt zu definieren«. Das Kriterium der gegenseitigen Fortpflanzungsfähigkeit ist etwa nicht ausreichend (Löwen und Tiger können sich miteinander fort-

---

[5] Richard D. Ryder, »Speciesism Again: the original leaflet«, *Critical Society,* Nr. 2, 2010, S. 1. Dieser Artikel enthält das Flugblatt von 1970.

pflanzen) und Studien zu Möwen haben bewiesen, dass die Einteilung in Spezies in eine Sackgasse führt: Möwengruppen, die in angrenzenden geographischen Zonen leben, können sich miteinander fortpflanzen und haben fortpflanzungsfähige Nachkommen, umkreist man aber die Erde auf der Suche nach benachbarten Gruppen, stößt man auch auf angrenzende Gruppen, die sich miteinander nicht fortpflanzen können.[6] Heute lehnt die Biologie die Relevanz der Vorstellung von Spezies ab, die dazu führt, die Bedeutung der Individuen zu leugnen.[7]

Rasse und Spezies haben keine physische Existenz, sondern existieren im Kopf bestimmter Menschen. Deshalb meinen Antirassist:innen und Antispeziesist:innen, dass vor allem der essentialisierende Effekt solcher Begriffe zu verurteilen ist, ebenso wie Feminist:innen die Vorurteile kritisieren, die eine mentale Vorstellung von »der Frau« begleiten. In einem neueren Artikel gegen den Begriff der Spezies kommen Richard Monvoisin und Timothée Gallen zu folgendem Schluss: »Essentialistische Kategorien sind nichts als moralische Fallgruben und entsprechen in der politischen Soziologie dem, was

---

[6] Das Beispiel stammt von Richard Dawkins, zitiert nach Valéry Giroux, *L'Antispéciésisme*, a. a. O., S. 25f.

[7] Vgl. den Abschnitt »Et Dieu crée l'espèce« im Buch von Jean-Jacques Kupiec und Pierre Sonigo, *Ni Dieu ni gène: pour une autre théorie de l'hérédité*. Paris: Le Seuil, 2003; ebenso den Artikel von Hervé Le Guyader, »Doit-on abandonner le concept d'espèce?«, *Courrier de l'environnement de l'INRA*, Nr. 46, 2002, S. 51–64.

die Zange für die Zahnmedizin ist, oder was die Hellebarde für die Präzisionschirurgie darstellt.«[8]

Unabhängig von der wissenschaftlichen Relevanz oder Irrelevanz des Begriffs der Spezies betonen Antispeziesist:innen, dass die angenommene Zugehörigkeit zu einer Spezies an sich keine Rechtfertigung für Unterschiede in der moralischen Berücksichtigung darstellt. Ausgehend davon unterscheidet man im Wesentlichen einen konsequentialistischen Antispeziesismus, der etwa von Peter Singer vertreten wird, der auf einer utilitaristischen Philosophie beruht, die das hervorgerufene Leid betrachtet und nach den Konsequenzen unserer Handlungen fragt, von einem deontologischen Antispeziesismus, der auf der Vorstellung beruht, dass Individuen, die Subjekte ihres Lebens sind, *a priori* Rechte zustehen.[9]

Empfindungsfähigkeit: die Kernidee des Antispeziesismus

Zu Beginn, als das Mitleid mit Tieren erstmals geäußert wurde, war die Leidensfähigkeit ausschlaggebend. Je-

---

[8] Richard Monvoisin und Timothée Gallen, »L'espèce est morte? Vive le flux spécien«, *L'Amorce,* Nr. 24, Mai 2020, https://lamorce.co/lespece-est-morte-vive-le-flux-specien/.

[9] Peter Singer, *Praktische Ethik*. 3., rev. und erw. Auflage, Stuttgart: Reclam, 2013; Tom Regan, *The Case for Animal Rights*. 3. Auflage, Berkeley: University of California Press, 1983.

remy Bentham (1748–1832), der Begründer des Utilitarismus, schrieb 1789 in seiner *Einführung in die Prinzipien der Moral und Gesetzgebung* die folgenden, berühmt gewordenen Zeilen:

> Der Tag mag kommen, an dem der Rest der belebten Schöpfung jene Rechte erwerben wird, die ihm nur von der Hand der Tyrannei vorenthalten werden konnten. Die Franzosen haben bereits entdeckt, dass die Schwärze der Haut kein Grund ist, ein menschliches Wesen hilflos der Laune eines Peinigers auszuliefern. Vielleicht wird eines Tages erkannt werden, dass die Anzahl der Beine, die Behaarung der Haut oder die Endung des Kreuzbeins ebensowenig Gründe dafür sind, ein empfindendes Wesen diesem Schicksal zu überlassen.
> Was sonst sollte die unüberschreitbare Linie ausmachen? Ist es die Fähigkeit des Verstandes oder vielleicht die Fähigkeit der Rede? [...] Die Frage ist nicht: können sie verständig denken? oder: können sie sprechen? sondern: können sie leiden?[10]

Im von Ryder 1970 verfassten Flugblatt wird das Leiden sechs Mal erwähnt, zum Beispiel in diesem Satz: »Und

[10] Jeremy Bentham: An Introduction to the Principles of Morals and Legislation [1789]. The Collected Works of Jeremy Bentham. Volume 2. Edited by James H. Burns and Herbert L. A. Hart. London: Athlone Press, 1970. S. 283. Zitiert nach: Peter Singer: Befreiung der Tiere. Eine neue Ethik zur Behandlung der Tiere. Aus dem Englischen übersetzt von Elke vom Scheidt. München: Hirthammer, 1982. S. 26 f.

neben dem Recht auf Leben ist ein offensichtliches moralisches Kriterium das Leiden, das Leiden im Zusammenhang mit der Gefangenschaft, der Langeweile ebenso wie mit dem körperlichen Schmerz.« Um allerdings ein für alle Mal mit der cartesianischen Theorie der Tier-Maschine abzuschließen, der zufolge der Schrei eines misshandelten Tieres nur ein Quietschen im Räderwerk ist, empfiehlt es sich, auf einen Begriff Bezug zu nehmen, der ebenfalls erst in der Ausgabe von 2020 einen Platz im französischen Wörterbuch Larousse gefunden hat: *sentience,* die Empfindungsfähigkeit.[11] Dieser Begriff, der aus dem Englischen stammt, beschreibt die Fähigkeit, Gefühle und Wünsche empfinden zu können und schlicht eine subjektive, von der eigenen Umwelt ausgehende Erfahrung zu erleben, die mit der Suche nach Wohlbefinden verbunden ist. Es ist interessant, dass sich die französische Veterinärmedizinische Akademie gegen die Aufnahme dieses Worts in den Wortschatz ausgesprochen hat:

> Wenn sie beibehalten würden, würden diese Begriffe [sentient/sentience] rasch übermäßig viel verwendet und brächten das sichere Risiko mit sich, den Vertretern der Gleichheit zwischen Mensch und Tieren unabhängig von

---

[11] Der Duden hat den Begriff noch nicht aufgenommen [Anm. d. Ü.].

> ihrer Spezies als Argument zu dienen, sogar den Juristen, die den Tieren eine Persönlichkeit zugestehen wollen.[12]

Hier wird wieder einmal deutlich, wie wichtig Wörter sind und welche oft politische Tragweite sie haben. Fürchten die Veterinärmediziner:innen, von denen man denken würde, dass sie sich *a priori* um das Tierwohl sorgen, einen Rückgang ihrer Aufträge in der intensiven Viehzucht, wo ein guter Teil von ihnen beschäftigt ist?

Über die Verwendung der Idee der Empfindungsfähigkeit (der Begriff *sentience* ist im Englischen bereits seit 1817 verankert) hinausgehend, verfassten renommierte Wissenschaftler:innen 2012 ein Manifest, das dazu aufrief, die Forschung auf dem Gebiet des Tierbewusstseins zu intensivieren:

> Es besteht kein Grund zu der Annahme, dass Organismen ohne Neocortex keine affektiven Zustände erfahren können. Übereinstimmende Beweise deuten darauf hin, dass nichtmenschliche Tiere über die neuroanatomischen, neurochemischen und neurophysiologischen Substrate des Bewusstseins sowie die Fähigkeit zu intentionalem Verhalten verfügen. Daraus folgt, dass neuronale Substrate und das durch sie erzeugte Bewusstsein keine Alleinstellungsmerkmale des Menschen sind. Nicht-

---

12 Astrid Guillaume, »Le mot sentience entre dans le Larousse 2020«, *Droit Animal, Éthique & Science,* Nr. 102, 22. Juli 2019, S. 25.

> menschliche Tiere, darunter Säugetiere, Vögel und viele weitere Lebewesen, beispielsweise Oktopusse, verfügen ebenso über neuronale Substrate.[13]

Dieser Text, der als »Cambridge Declaration on Animal Consciousness« bekannt wurde und zu dessen Unterzeichnern Stephen Hawking zählt, verweist auf das rationalistische Vorgehen des Antispeziesismus.[14] Antispeziesist:innen meinen, dass die Interessen von empfindungsfähigen nichtmenschlichen Tieren berücksichtigt werden müssen, anstatt den alleinigen zweitrangigen Interessen der Menschen, wie etwa den Gaumenfreuden oder der Wahl von Bekleidung oder Freizeitaktivitäten, geopfert zu werden.

Antispeziesismus im Kontext des Tierrechts

Der Begriff der Empfindungsfähigkeit erlaubt es dem Antispeziesismus, den klassischen Einwand des »Schreis der Karotte« zu widerlegen. Mit der Zunahme von Studien über die »Kommunikation« zwischen Pflanzen, etwa Bäumen, die sich vielfach anthropozentrischer Metaphern bedienen, haben viele Menschen den Eindruck,

---

13 Sophie Hild, »Qu'est-ce que la conscience?«, *Droit Animal, Éthique & Sciences,* Nr. 94, 2017, S. 33.

14 Hier sei ebenfalls auf die Gründung einer internationalen wissenschaftlichen Zeitschrift, *Animal Sentience,* im Jahr 2016 hingewiesen.

dass Pflanzen »leiden« würden, dass die Karotte schreit, wenn man sie aus der Erde zieht. Ohne zentrales Nervensystem, ohne nozizeptive Organe (zur Schmerzwahrnehmung), lässt jedoch nichts darauf schließen, dass Pflanzen empfindungsfähig sind. Dasselbe gilt für Schwämme, Korallen, Mikroben und sogar für zweischalige Mollusken wie Austern und Miesmuscheln.

Bezüglich der Sache der Tiere zeichnen sich Antispeziesist:innen demnach durch einen Wissenschaftsbezug aus, um auf Konzepten der Spezies basierende moralische Unterscheidungen zurückzuweisen, was sie auf konzeptueller Ebene von den Tierschützer:innen unterscheidet, die dazu neigen, einfach nur die Tiere verteidigen zu wollen. Die beiden Begriffe, Antispeziesist:in und Tierschützer:in, werden gelegentlich wie Synonyme verwendet, aber hinter dem Tierschutz steht die Idee der Liebe zu Tieren, während im Antispeziesismus eher ein kategorischer moralischer Imperativ vertreten wird, der sich aus wissenschaftlichen Erkenntnissen aus Verhaltensforschung oder Tierpsychologie ableitet (vgl. die Bücher von Frans de Waal).[15] Man spricht auch von Tierbefreiung auf Basis des Antispeziesismus und bezieht sich damit auf andere Befreiungsbewegungen. Es geht nicht darum, die Tiere zu lie-

---

[15] Frans de Waal, *Are We Smart Enough to Know How Smart Animals Are? A. a. O.*

ben, sondern sie zu respektieren, ganz ohne unnütze Sentimentalität, Ratten ebenso wie Hunde oder Hühner.

In Frankreich entwickelte sich der Antispeziesismus im Vergleich zum Vereinigten Königreich, den Vereinigten Staaten, Deutschland und Italien erst sehr spät. Der Begriff verbreitete sich im Wesentlichen dank David Olivier, Françoise Blanchon und Yves Bonnardel um 1990 mit der Erscheinung der *Cahiers antispécistes lyonnais*, die sich aus einem libertären Milieu entwickelt haben.

2
Welche Verbindungen bestehen zu Sozialismus und Anarchismus?

»Es ist kompliziert«

Im Status, der die Beziehungssituation anzeigt, liest man manchmal »Es ist kompliziert«, womit eine ambivalente Beziehung zusammengefasst wird. Das ist bei den Verbindungen und Trennlinien zwischen dem Antispeziesismus einerseits und Sozialismus oder Anarchismus andererseits ganz eindeutig der Fall.

Die ersten Vereine zum Schutz von Haus- und Nutztieren wurden von Adeligen und Frauen des Großbürgertums gegründet. In Reaktion darauf verspotteten Marx und Engels diese Bewegung im *Manifest der Kommunistischen Partei* (1848):

> Ein Teil der Bourgeoisie wünscht den sozialen Mißständen abzuhelfen, um den Bestand der bürgerlichen Gesellschaft zu sichern. Es gehören hierher: Ökonomisten, Philanthropen, Humanitäre, Verbesserer der Lage der arbeitenden Klassen, Wohltätigkeitsorganisierer, Abschaffer der Tierquälerei, Mäßigkeitsvereinsstifter, Winkelreformer der buntscheckigsten Art.

Unter Anarchist:innen ist der Enthusiasmus für die Tierrechte häufig kaum größer. In seinem *Kleinen philosophischen Lexikon des Anarchismus* widmet Daniel Colson dem Antispeziesismus einen Eintrag, um die drei wichtigsten Differenzen festzuhalten. Zunächst unterstützt der Anarchismus zwar auch alle anderen Emanzipationskämpfe, allerdings nur unter der Bedingung, dass diese Emanzipation das Werk der Betroffenen selbst ist, durch direkte Aktion und unter Ausschluss jeder Repräsentation (vgl. Kapitel 8 zur Direkten Aktion). Mit welchem Recht können Antispeziesist:innen demnach in Anspruch nehmen, die Fürsprecher:innen der Tiere zu sein? Zweitens wird die Philosophie, an der sich Antispeziesist:innen orientieren, der Utilitarismus, wie ein göttliches Prinzip betrachtet, das es erlaubt, die unterschiedlichen Intensitäten des Leidens allgemein zu bestimmen, was unrealistisch sei. Und letztlich wirft Colson – unter (absichtlicher?) Missachtung des Begriffs der Empfindungsfähigkeit – den Antispeziesist:innen vor, sich das Recht anzumaßen zu entscheiden, wer ein des Interesses würdiges Subjekt sei, und damit weiterhin »die göttlichen und heiligen Vorrechte des westlichen weißen Mannes« für sich in Anspruch zu nehmen.[1]

Erstaunlicherweise ignoriert Colson wichtige anarchistische Schriften, beispielsweise von Élisée Reclus

---

[1] Daniel Colson, *Petit lexique philosophique de l'anarchisme – De Proudhon à Deleuze.* Paris: Librairie Générale française, 2001, S. 37.

(1830–1905), einem ebenso berühmten Geographen wie Anarchisten. In einem Brief an seinen britischen Freund Richard Creath stellte Reclus 1884 fest:

> Wenn wir das Glück all jener verwirklichen müssten, die menschliche Gestalt tragen, und alle unsere Nächsten dem Tod weihen müssten, die eine Schnauze haben und sich von uns nur durch einen weniger offenen Gesichtswinkel unterscheiden, hätten wir unser Ideal sicherlich nicht verwirklicht. Ich für meinen Teil schließe auch die Tiere in sozialistischer Solidarität in meine Verbundenheit ein.[2]

Unter den großen anarchistischen Gestalten steht er nicht allein. Auch Louise Michel (1830–1905) schrieb über die Tierrechte. Sie zog eine Parallele zwischen der Ausbeutung von Menschen und Tieren und ging davon aus, dass sich die Menschen für ihre eigene Unterdrückung an den Tieren rächen. In ihren *Memoiren* schreibt sie 1886:

> Im Kern meiner Empörung gegen die Starken finde ich, so weit ich zurückdenken kann, meinen Abscheu gegen die Tierquälerei wieder. Ich hätte gewünscht, dass das Tier sich rächen möge, dass der Hund den beißen möge, der ihn mit Schlägen traktierte, dass das unter der Peit-

---

[2] Roméo Bondon, *Le Bestiaire libertaire d'Élisée Reclus*. Lyon: Atelier de creation libertaire, 2020, S. 7.

> sche blutende Pferd seinen Peiniger abwerfen möge; aber immer nimmt das stumme Tier sein Schicksal mit der Resignation der unterworfenen Rassen hin. [...] Und je grausamer der Mensch gegen das Tier ist, desto tiefer kriecht er vor den Menschen, die über ihm stehen.[3]

Und diese Zitate sind keineswegs anekdotisch, wenn man sich in die Schriften der Epoche vertieft ...

»Eine vergessene Arbeiterklasse«

Als etwa der Wirtschaftswissenschaftler Charles Gide 1888 in *La Revue Socialiste* einen Artikel mit dem Titel »Eine vergessene Arbeiterklasse« veröffentlicht, beginnt er ihn folgendermaßen:

> Ich möchte hier für die Sache einer besonderen Arbeiter- und Angestelltenklasse eintreten – einer vielköpfigen Klasse, denn ihre Mitglieder zählen Millionen – einer elenden Klasse, denn um nicht Hungers sterben zu müssen, sind sie der härtesten Arbeit unterworfen, in Ketten und unter Peitschenhieben – eine Klasse, die umso mehr Schutz benötigt, als sie nicht fähig ist, sich selbst zu verteidigen, da sie nicht genügend Geist besitzt, um in Streik

---

[3] Louise Michel, *Memoiren*. Übersetzt von Claude Acinde. Münster: Frauenverlag, 1979, Kapitel 11 [Anm. der Ü.: Der 2. Satz findet sich in der deutschen Übersetzung nicht wieder].

> zu treten und eine zu gute Seele hat, um eine Revolution zu machen. Ich möchte von den Tieren sprechen, insbesondere von den Nutztieren.
> Mir scheint, die Menschenarbeiter müssten gewisse Gefühle der Brüderlichkeit für die Tierarbeiter empfinden, diese bescheidenden Gefährten ihrer Arbeit und ihrer Leiden. Aber nein! [...] [M]an könnte im Gegenteil meinen, dass sie sich an ihnen für die Ungerechtigkeit des Schicksals rächen wollen.

Auch Élisée Reclus meint, dass die Arbeiter und Bauern, die Tiere misshandeln, »sich in ihrer Wut irren«, um hier das Zitat von Léopold Sédar Senghor aufzunehmen (»Rassisten sind Leute, die sich in ihrer Wut irren«). Eine so wichtige Gestalt wie Rosa Luxemburg (1871–1919) hat einen Teil ihres Engagements immer den Tieren gewidmet. Als Gefangene im polnischen Teil des Deutschen Kaiserreichs, in Breslau, schrieb sie 1917 an ihre Freundin Sonia Liebknecht:

> Die Tiere standen dann beim Abladen ganz still und erschöpft, und eins, das, welches blutete, schaute dabei vor sich hin mit einem Ausdruck in dem schwarzen Gesicht und den sanften schwarzen Augen wie ein verweintes Kind. Es war direkt der Ausdruck eines Kindes, das hart bestraft worden ist und nicht weiß, wofür, weshalb, nicht weiß, wie es der Qual und der rohen Gewalt entgehen soll ... ich stand davor, und das Tier blickte mich an, mir rannen die Tränen herunter – es waren seine Tränen,

> man kann um den liebsten Bruder nicht schmerzlicher zucken, als ich in meiner Ohnmacht um dieses stille Leid zuckte.[4]

Und seien es Rosa Luxemburg, Louise Michel oder die Dichterin und Journalistin Marie Huot (1846–1930), die 1883 die Ligue populaire contre l'abus de la vivisection (Volksliga gegen den Missbrauch der Vivisektion) gründete, deren Ehrenpräsident Victor Hugo war, immer findet man die Bemühung, sich zugleich um die ausgebeuteten Menschen und die Tiere zu kümmern. Marie Huot schrieb wie Charles Gide in *La Revue socialiste,* und als Benoît Malon, der Herausgeber dieser Zeitschrift, sie fragte: »Muss man sich um die Tiere kümmern, wenn so viele Menschen immer noch vom Leben zermalmt werden?«, antwortet ihm Huot ohne Umschweife, so wie es viele Antispeziesist:innen im einundzwanzigsten Jahrhundert noch immer tun müssen: »Die Sorge um die Tiere nimmt einem nicht die Sorge um die Menschen« und »wer gegenüber Tieren grausam ist, wird gegenüber seinen Mitmenschen niemals sanftmütig sein«.[5]

Noch heute findet sich in sozialistisch orientierten politischen Gruppen ein Antispeziesismus, der von diesen Denkerinnen und Denkern am Ende des neunzehn-

---

[4] Dieser Brief ist online abrufbar, zum Beispiel unter marxists.org.

[5] Marie Huot, »Le droit des animaux«, *La Revue socialiste,* Nr. 6, 1887, S. 54.

ten Jahrhunderts beeinflusst ist. So gibt es etwa in der Partei Lutte ouvrière 2021 eine aktive Bewegung, die sich »Ligue internationaliste marxiste antispéciste écologiste, trotskyste« (Internationale marxistische, antispeziesistische, ökologische, trotzkistische Liga) nennt.[6]

Aufstieg und Niedergang der vegetarischen Gemeinschaften

Nach dem Kongress der Internationalen Arbeiterassoziation von Den Haag 1872 verließen die Anarchist:innen die Erste Internationale und gründeten mit Michail Bakunin (1814–1876) die antiautoritäre Internationale. In diesem Zusammenhang beschlossen deren Aktivist:innen im Hier und Jetzt nicht neue theoretische Diskurse zu produzieren, sondern Taten zu setzen. Eine Gemeinschaft zu gründen war eine konkrete Handlung, die zudem in einer von Attentaten geprägten Zeit ermöglichte, mit dem Bild des kriminellen Anarchisten zu brechen, das die Zeitungen gern verbreiteten.

Bakunin, der sich im Schweizer Tessin niederließ, zog andere Anarchistinnen und Anarchisten an und es bildeten sich Gemeinschaften (ohne ihn, weil er zunehmend gesundheitliche Probleme hatte). Zunächst ent-

---

[6] Siehe limase.fr

stand im Jahr 1900 in dieser Region in der Nähe von Ascona am Monte Verità eine Kolonie, in der ausschließlich vegetarisch gegessen wurde. Ihre Initiator:innen waren auch von der Lebensreform-Bewegung in Deutschland inspiriert, die eine Rückkehr zur Natur predigte, um den Folgen der Industrialisierung etwas entgegenzusetzen. Persönlichkeiten wie Franz Kafka, Isadora Duncan, Otto Gross, Max Weber oder auch Hermann Hesse kamen an diesen Ort, der rasch den Charakter einer Sommerfrische annahm. Am Monte Verità herrschte neben dem intellektuellen Reichtum, der so wichtige Bewegungen wie den Dadaismus, den Surrealismus oder modernen Tanz und moderne Literatur hervorbrachte, eine Art Asketismus, gemischt mit einer Verehrung der Natur, die auch zu einigen esoterischen und faschistischen Auswüchsen führte. So inszenierte etwa Rudolf von Laban, der am Monte Verità von 1913 bis 1919 eine sommerliche Tanzschule leitete, für die Olympischen Spiele von Berlin 1936 eine Vorstellung mit 1 000 Tänzer:innen.

Zu der Zeit, als die Kolonie vom Monte Verità sich gerade erst zu entwickeln begann, veröffentlichte Élisée Reclus einen wichtigen Artikel, »Zum Vegetarismus«, in dem er die Idee der Zucht selbst kritisierte:

> Dieselbe Entartung ist es beim Rind, das wir sehen, wie es sich mühsam auf der Weide bewegt, von den Züchtern zur enormen wandernden Masse mit geometrischen For-

> men gemacht, als wären sie bereits im Vorhinein für das Metzgermesser gestaltet. Und für die Produktion derartiger Monstren verwenden wir den Ausdruck Zucht! So erfüllen die Menschen ihre erzieherische Mission an ihrem Bruder, dem Tier![7]

Reclus weiß bereits sehr gut um die Schwierigkeiten für Antispeziesist:innen, ihre Ideen zu verbreiten, und warnt folgendermaßen: »Für uns geht es keineswegs darum, eine neue Religion zu gründen und uns ihrer mit dem Dogmatismus von Sektierern zu befleißigen.« Er betont die Willkürlichkeit der Beziehungen seiner Mitbürger:innen zu den Tieren und wagt es, das Tabu des Kannibalismus anzusprechen:

> Ebenso wie es unsere Vorfahren davor geekelt hat, das Fleisch ihrer Mitmenschen zu essen, und sie eines schönen Tages aufgehört haben, es auf ihre Tische zu bringen, so wie unter den Fleischesser:innen viele sich weigern, das Fleisch des edlen Pferdes, des Begleiters des Menschen zu essen, oder das von Hund oder Katze, der geliebten Haustiere, ebenso widerstrebt es uns, Blut zu trinken und mit unseren Zähnen den Muskel des Ochsen zu zermalmen, des Arbeitstiers, das uns das Brot gibt.[8]

---

[7] Élisée Reclus und Louis Tarnowski, *À propos du végétarisme*. Paris: Bartillat, 2020.
[8] Ebenda, S. 80.

Überzeugt von der Notwendigkeit, keine Tiere mehr zu essen, ließen sich individualistische Anarchist:innen im Norden Frankreichs nieder (von 1918 an in Bascon, im Département Aisne), später im Département Deux-Sèvres, aber auch in Isère oder im Umland von Paris.[9] Sophie Zaïkowska (1876–1939) und ihr Lebensgefährte Georges Butaud (1868–1926) publizierten 1923 eine Broschüre *Tu seras végétalien!* (*Du wirst Veganer sein!*), deren Titel ihren Bekehrungswillen bezeugt. Die Broschüre wurde zudem hauptsächlich im Foyer végétalien verkauft, das sie in der Rue Mathis in Paris gründeten, und später in einem weiteren Restaurant in Nizza. Ebenso gründete Louis Rimbault (1877–1949) in der Nähe von Tours, im Département Indre-et-Loire, ein veganes Restaurant, das Terre libérée.

Während sich in manchen Gemeinschaften schließlich hauptsächlich hygienische und medizinische Argumente durchsetzten – mit dem Verbot von Alkohol, Tabak, manchmal auch Zucker –, kamen im Terre libérée Anarchismus und Veganismus gut miteinander aus. Es galt, das kapitalistische System aufzugeben, indem man den Beweis antrat, dass es möglich ist, ohne Ausbeutung oder Unterdrückung zu leben. In der Neuauflage des Textes von Reclus über den Veganismus fasst Louis Tarnowski anschaulich zusammen:

---

[9] Zum individualistischen Anarchismus siehe Guillaume Davranche, *Dix questions sur l'anarchisme,* a. a. O.

Man kann nicht […] an der Befreiung der Unterdrückten arbeiten, indem man noch Schwächere ausbeutet: Der Sozialismus ist neben einem politischen und ökonomischen Projekt auch eine Ethik; daher ist seine fortwährende Aufgabe, je nach Zeit und kulturellen Entwicklungen, die diese nach sich zieht, jeden Beitrag aufzunehmen und damit auch seine ersten Ziele zu bestärken und zu würdigen: Das Wohlergehen für die größtmögliche Zahl.[10]

---

[10] Reclus und Tarnowski, *À propos du végétarisme,* a. a. O., S. 28. Weitere Verweise auf die anarchistischen und sozialistischen Kreise finden sich bei Roméo Bondon und Élias Boisjean, *Cause animale, luttes sociales (anthologie)*. Lorient:Le Passager clandestin, 2021.

3
Wie ist die maßgebliche Rolle der Frauen zu erklären?

Wer sich für den Antispeziesismus und im weiteren Sinne für die Sache der Tiere interessiert, bemerkt, dass Frauen in der Bewegung eine wesentliche Rolle spielen. Eine Umfrage der Zeitschrift *Virage*, die die französische Vegetariergesellschaft herausbringt (in der de facto Veganer:innen und Vegetarier:innen vertreten sind), ergibt eine Leser:innenschaft, die zu 67% aus Frauen und zu 31% aus Männern besteht, die übrigen Personen geben ihr Geschlecht nicht an.[1]

Solidarisch in der Unterdrückungserfahrung

Da sie Diskriminierungen und sexistische Unterdrückung erleben, sehen viele Frauen sehr starke Parallelen dazu, was Tiere erdulden. Wahrscheinlich liegt es auch in ge-

---

[1] Daten von Sophie Choquet, Chefredakteurin der Zeitschrift *Virage*. Eine US-amerikanischen Studie ergab zwischen 68 und 80% Frauen in der Tierrechtsbewegung (Emily Gaardner, *Women and the Animal Rights Movement*. New Brunswick, NJ: Rutgers University Press, 2011).

wisser Hinsicht an ihrem mehr als zweitausendjährigen Erleiden von Verfolgungen, dass Solidarität für manche Jüdinnen und Juden Teil ihres Selbstverständnisses ist. Diese Solidarität erstreckt sich manchmal auch auf die Tiere, was die entscheidende Rolle von Jüdinnen und Juden bei der Entstehung des Antispeziesismus erklärt.[2]

Die Autorin Frances Power Cobbe (1822–1904) war die erste Frau, die auf die Verbindung von Sexismus und Speziesismus aufmerksam machte. Sie gründete 1875 die nationale Gesellschaft gegen die Vivisektion, und fünf Jahre später, in einem Artikel von 1880 mit dem Titel »Die eheliche Folter in England«, benennt sie das Gefühl der Eigentümerschaft als Grund der Gewalt gegenüber Frauen: »Die Vorstellung, dass die Ehefrau eines Mannes sein Eigentum sein könnte [...] ist der tragische Ursprung von unermesslichem Übel und Leid.«[3] Cobbe, die sich der Klassenfrage bewusst war, erklärte, dass es heikel sei, gegenüber den ärmsten Männern gegen eheliche Gewalt aufzutreten, da diese, wie sie meinte, ihre Frau als ihr einziges Eigentum betrachten. Herrschaftsbeziehungen kennzeichnen jeweils diese Bezie-

---

[2] Jérôme Segal, *Judentum über die Religion hinaus*, Wien: Konturen, 2017, S. 106–111.

[3] Zitiert nach Émilie Dardenne, »Un épargneul, une femme et un noyer, plus nous les battons, meilleurs ils sont«: Frances Power Cobbe, la féminité et l'altérité«, *Revue LISA. Littératures, histoire des idées, images, sociétés du monde anglophone,* 2005, online.

hungen, und Cobbe setzte sich zudem auch mit der Unterdrückung auseinander, die Kinder erleiden.

In Frankreich wurde diese Parallele in den Schriften von Séverine (geb. Caroline Rémy, 1855–1929) ausgearbeitet, die neben Jules Vallès Herausgeberin des *Cri du peuple* war. Sie veröffentlichte 1903 in Form eines Kinderbuchs eine Geschichte, die die Autobiografie eines ausgesetzten Hundes sein könnte. Im Vorwort erklärt sie:

> Weil ich »nur eine Frau« bin, weil du »nur ein Hund« bist, weil wir auf unterschiedlichen Stufen der gesellschaftlichen Rangleiter dem – so perfekten – männlichen Geschlecht unterlegene Arten repräsentieren, hat das Gefühl unserer beiderseitigen Unmündigkeit zwischen uns zu noch mehr Solidarität, einem noch vollkommeneren Verständnis geführt.[4]

Da Frauen die Gewalt, die Tiere erleiden, zutiefst empfinden, versteht man, warum sie für das Tierrecht eintreten. Erinnern wir auch daran, dass im neunzehnten Jahrhundert Ärzte in den Vereinigten Staaten Frauen mit Äther betäubten, damit diese den Geschlechtsverkehr mit ihrem Mann ertrügen, was durchaus an die Betäubungstechniken in Schlachthöfen erinnern könnte.

---

[4] Séverine, *Sac à tout: mémoires d'un petit chien.* Paris: Félix Juven, 1903.

Karnismus und Sexismus

Das zuvor erwähnte Beispiel der »Ätherisierung« von verheirateten Frauen wird in einem im Wesentlichen der Sache der Tiere gewidmeten Buch beschrieben, *Zum Verzehr bestimmt: Eine feministisch-vegetarische Theorie*, von Carol J. Adams.[5] Während Männer dieser Autorin zufolge einen Körper besitzen, sind Frauen und Tiere nur zum Konsum dargebotene Körper. Frauen werden auf den Status von sexuellen Körpern herabgewürdigt, Tiere auf den von Körpern aus Fleisch. Die Sozialpsychologin Melanie Joy ihrerseits prägt den Neologismus »Karnismus«, um die Vorstellung zu beschreiben, dass der Konsum von Fleisch notwendig und bei Männern sogar eine Manifestation ihrer Virilität sei.[6] Das Bild des Mannes, der sich am Grill zu schaffen macht oder sich ein riesiges Steak einverleibt, gehört zu den Klischees von der Virilität des Mannes.

Karnismus und Sexismus beruhen auf von Carol J. Adams so bezeichneten »abwesenden Referenten«: die Frauen und Tiere, die man nicht sieht, die als Subjekte »entfernt« worden sind, damit man sie benutzen kann,

---

[5] Carol J. Adams, *Zum Verzehr bestimmt: Eine feministisch-vegetarische Theorie*. Aus dem Englischen von Susanna Harringer. Wien u. a.: Guthmann-Peterson, 2002.

[6] Melanie Joy, *Warum wir Hunde lieben, Schweine essen und Kühe anziehen: Karnismus – eine Einführung*, übersetzt von Achim Stammberger, Münster: Compassion Media, 2013.

indem man sie isst oder sexuell ausbeutet. Bezeichnenderweise zeigt Adams in vielen Formen der Prostitution erstaunliche Parallelen: Sie beschreibt etwa »Absteigen, in denen sechs oder sieben Mädchen je achtzig bis einhundertzwanzig Kunden pro Nacht betreuen: *maisons d'abattage*« (Schlachthäuser) und erinnert daran, dass die Anhänger des Sadomasochismus Gegenstände benutzen, die gewöhnlich nur zur menschlichen Beherrschung von Haus- und Nutztieren eingesetzt werden, etwa Hundehalsbänder oder Reitgerten.[7] Eine Prostituierte, Eudoxie, wurde übrigens durch ihre Erfahrungen für Tierrechte empfänglich, und antwortet denjenigen, die das erstaunt, folgendermaßen:

> Als Hure ist es recht einfach, sich an die Stelle der täglich abgeschlachteten Tiere zu versetzen. Jeden Tag fühle ich mich abgeschlachtet, von der Erschöpfung, von den Männern, die sich über mich hermachen, all das, um ihren Bedürfnissen, ihrer Befriedigung zu entsprechen. [...] Sie sehen den Bezug nicht? Es gibt ihn aber, in beiden Fällen hört man den anderen nicht. Und in beiden Fällen ist da ein Lebewesen. Anstatt sich zu fragen, in welcher Sauce Sie Ihren Nächsten essen sollen, fragen Sie besser, was Sie tun können, um all das zu verändern.[8]

---

[7] Ebenda, S. 45.

[8] Eudoxie, »›Tous les jours, je suis abattue‹«, *Prostitution et Société,* September 2014.

Der Sexismus verbindet sich mit dem Speziesismus, aber auch mit dem Kampf gegen die Antispeziesist:innen. Seit dem neunzehnten Jahrhundert wird die Zoophilie (wie damals die Verteidigung der Tierrechte bezeichnet wurde) von den großen Irrenärzten der Epoche als weibliche Geisteskrankheit angesehen. In ihrer Ausgabe vom 22. März 1884 beschreibt die populäre Wochenzeitschrift *L'Univers illustré* die letzten Erkenntnisse bezüglich des »Wahns der Antivivisektionisten«:

> Herr Dr. Magnan, Arzt in der Irrenanstalt Sainte-Anne [...] stellt den Antivivisektionisten Vegetarier einer besonderen Art zur Seite, jene, die zur ausschließlich pflanzlichen Ernährung drängen, nicht als hygienische Maßnahme, sondern einzig und allein, um das Opfer oder die Schlachtung von Tieren zu vermeiden. Unser Kollege zitiert hierzu eine Kranke, die nach einem Skandal in den Schlachthöfen von la Villette in die Irrenanstalt Sainte-Anne eingewiesen wurde. [...] Seit sechs Monaten lehnt sie es ab, Fleisch zu essen, und begnügt sich mit pflanzlicher Nahrung. Sie möchte sich der Schlachtung von Tieren entgegenstellen; sie möchte sich auch um die Unglücklichsten kümmern [...]. Sie mahnt die Metzgergesellen, mit ihrem grausamen Töten innezuhalten: »Wir haben kein Recht, Tiere zu töten«, sagt sie ihnen, »Tiere sind unsere Brüder, die wir beschützen müssen.«

Auch heute noch sind antispeziesistische Aktivistinnen Formen von Sexismus ausgesetzt, zum Beispiel wenn sie als »hysterisch« bezeichnet werden.

Der umstrittene biologische Aspekt

Aus etwa zwanzig Interviews, die ich für mein Buch *Animal radical* geführt habe, ging hervor, dass manche Frauen eine Art Erleuchtungsmoment erlebt haben, nachdem sie ein Kind geboren und sich für das Stillen entschieden hatten.[9] Sie sagen, sie hätten eine Art Tiernatur empfunden, die sie mit den anderen Säugetieren verbindet. Emily Gaarder schreibt in ihrem Buch über die Verbindungen zwischen Tierrechtsbewegung und Feminismus:

> Wir schenken Leben und ich kann nicht glauben, dass eine Frau hören kann, dass einer Kuh ihr Kalb zwei Stunden nach seiner Geburt weggenommen wird, ohne sich ihr gewissermaßen nahe zu fühlen.[10]

Diese Aussagen sind gewiss nicht aus einem essentialistischen Blickwinkel zu verstehen, und andere Frauen, die

---

[9] Jérôme Segal, *Animal radical,* a. a. O., S. 143f.
[10] Emily Gaarder, *Women and the Animal Rights Movement,* a. a. O., S. 54.

sich ebenfalls für den Antispeziesismus einsetzen, verwerfen diesen biologischen Aspekt. Mit diesem Erleuchtungsmoment verhält es sich wie mit der Möglichkeit eines »Mutterinstinkts«, der von Feministinnen teils abgelehnt wird. Der israelische Essayist Yuval Harari verwendet dieses Argument, um zu erklären, wie grausam es ist, eine Muttersau von ihren Ferkeln oder eine Kuh von ihrem Kalb zu trennen:

> Schweine [zeigen] offenbar nicht die Extreme von Mitleid und Grausamkeit, durch die sich *Homo sapiens* auszeichnet, und auch das Staunen fehlt ihnen, das den Menschen überkommt, wenn er in die Unendlichkeit des Sternenhimmels blickt. Vermutlich gibt es auch umgekehrte Beispiele, dass also schweinische Emotionen dem Menschen unbekannt sind, aber aus naheliegenden Gründen kann ich sie nicht konkret benennen. Ein zentrales Gefühl jedoch scheint allen Säugetieren gemeinsam zu sein: die Mutter-Kind-Bindung. Tatsächlich rührt die Bezeichnung »Säugetiere« ja genau daher. Säugetiermütter lieben ihren Nachwuchs so sehr, dass sie ihm erlauben, an ihrem Körper zu nuckeln. Säugertierjunge verspüren ihrerseits das überwältigende Verlangen, sich an ihre Mütter zu binden und ganz nahe bei ihnen zu bleiben. […] [Es] liegt auf der Hand, dass Mutterliebe und eine starke Mutter-Kind-Bindung alle Säugetiere auszeichnen.[11]

---

[11] Yuval Noah Harari, *Homo deus: eine Geschichte von Morgen.*

Antispeziesist:innen, Männer wie Frauen, die die Solidarität unter Säugetieren und allgemeiner mit allen empfindungsfähigen Tieren teilen, haben kein Verständnis für das Argument »wir sind doch kein Vieh«, das manche unterdrückten Gruppen verwenden. Sie sind der Meinung, dass kein empfindungsfähiges Wesen misshandelt werden dürfte, Frauen ebenso wenig wie Kühe oder Schweine, was keinesfalls bedeutet, Frauen mit anderen Tieren gleichzusetzen. Ebenso verhält es sich mit Arbeiter:innen oder Saisonarbeiter:innen, die um bessere Arbeitsbedingungen kämpfen, und sich dabei beschweren, wie Tiere behandelt zu werden. Aber wie verhält es sich mit den Verbindungen zwischen Antispeziesismus und Antikapitalismus? Ist eine gemeinsame Emanzipation möglich?

Aus dem Englischen von Andreas Wirthensohn. München: C.H. Beck, 2017, S. 122–124.

4
Ist der Antispeziesismus antikapitalistisch?

Bedingt das politische System die Behandlung von Tieren?

Homo sapiens hat schon immer Tiere getötet, ohne sich allzu sehr um das dadurch entstehende Leid zu sorgen. Zwar gab es manchmal »Entschuldigungsrituale«, auf Fleisch verzichtet haben die Menschen dennoch nicht. Im Zeitalter der Jäger und Sammlerinnen lebten die Tiere natürlich frei, bis sie auf einen Jäger trafen. Mit der landwirtschaftlichen Revolution in der Jungsteinzeit (vor etwa zehntausend Jahren), die der Essayist Yuval Harari angesichts dessen, dass sie eine Verringerung der Lebensdauer bewirkte und diese Epoche den Beginn der Entstehung von privilegierten Menschenkasten bezeichnete, den »größten Betrug der Geschichte« nennt, veränderte sich mit der Entwicklung der Zucht auch die Situation für die Tiere tiefgreifend.[1]

---

[1] Yuval Noah Harari, *Sapiens: eine kurze Geschichte der Menschheit.* Aus dem Englischen von Jürgen Neubauer: München: Deutsche Verlagsanstalt, 2013, Kapitel 5.

Religionen spielten historisch eine zentrale Rolle bei der Organisation von Städten. Die Verbindungen zwischen Speziesismus und Religionen werden später (in Kapitel 6) genauer betrachtet, für den Moment nur so viel, dass, obwohl das Christentum im Allgemeinen Tieropfer verurteilt, die meisten anderen Religionen, unter anderem Islam und Judentum, sie weiterhin praktizieren. Das Leid des Tieres und sein Tod können als Teile eines Sühnerituals im Interesse der Menschen fungieren, um die imaginären Beziehungen zu Göttern oder Göttinnen zu verbessern.[2]

Der Speziesismus war immer dominant, in allen Epochen und allen Gesellschaften, sogar bei den Inuit und anderen indigenen Völkern Nordamerikas, die sich noch heute bei den Robben oder Bisons entschuldigen, die sie töten, um zu essen. Unbestreitbar ist, dass die auf Zucht und Fischerei angewandte Produktivitätsideologie unabhängig vom politischen System das größte Tierleid verursacht. In der UdSSR zum Beispiel wurden die Tiere nicht besser behandelt als in den kapitalistischen Ländern. Im Dezember 2020 erfuhr man, dass in China, einem Land, das die schlimmsten Exzesse des Kommunismus und des

---

[2] Während das islamische Opferfest Eid al-Adha weithin bekannt ist, weiß man viel weniger über das jüdische Ritual Kapparot, obwohl es von orthodoxen Jüdinnen und Juden noch immer viel praktiziert wird. Dieses Sühneritual wird am Vorabend von Jom Kippur gefeiert und besteht aus einem Hühneropfer, das der Gläubige über seinem Kopf schwenkt, damit das Tier seine Sünden auf sich nimmt.

Kapitalismus in sich zu vereinen scheint, ein industrieller Landwirtschaftsbetrieb errichtet wurde, um auf mehreren Stockwerken nicht weniger als 84 000 Mutterschweine und ihre Nachkommenschaft zu parken.[3]

Unabhängig vom politischen Regime neigt der Staat im Prinzip dazu, den Forderungen seiner Bürger:innen nachzukommen, hier dem angeblichen »Bedarf« einer Bevölkerung an Fleisch und anderen tierischen Produkten. In diesem Sinne müsste der Antispeziesismus nicht speziell antikapitalistisch sein. Im Gegenteil, man könnte sogar zunächst meinen, dass der Antispeziesismus sich sehr gut an den Kapitalismus anpassen kann, da Tierrechts-Aktivist:innen in den USA, dem Land, das dieses politisch-ökonomische System am besten repräsentiert, ihre ersten großen Erfolge hatten. Henry Spira (1927–1998), der aus dem anarchosyndikalistischen Milieu kam und für die Bürgerrechtsbewegung eintrat, entwickelte ab der Mitte der 1970er Jahre einen ebenso methodischen wie effizienten Aktivismus, den er zum Teil gemeinsam mit Peter Singer ausarbeitete.[4] Um ein Ende der grausamen und nutzlosen Tierversuche an Katzen zu fordern, die am Naturhistorischen Museum von New York durchgeführt wurden, verwendete er alle Möglichkeiten, die die kapitalistische Gesellschaft bietet: wö-

[3] Dominique Patton, »Flush with cash, Chinese hog producer builds world's largest pig farm«, *Reuters,* 8. Dezember 2020.
[4] Peter Singer, *Henry Spira und die Tierrechtsbewegung,* a. a. O., S. 9.

chentliche Demonstrationen, Petitionen und Happenings, die Guy Debords Theorie von der *Gesellschaft des Spektakels* aufgriffen. Er hatte damit rasch Erfolg und wandte sich einem anderen Kampf zu, bei dem er sich mit Revlon, einem Schwergewicht der Kosmetikindustrie, anlegte. Er prangerte den Rückgriff auf einen Versuch an, bei dem Kaninchen toxische Substanzen in die Augen injiziert wurden. Um das Unternehmen zu überzeugen, diese Praktiken aufzugeben, veröffentlichten Spira und seine Mitstreiter:innen in der *New York Times* eine ganzseitige Anzeige mit dem Foto eines weißen Kaninchens mit verbundenen Augen neben Laborutensilien, wobei das Design von der Werbegraphik von Revlon inspiriert war. In großen Buchstaben ist zu lesen: »Wie viele Kaninchen blendet Revlon um der Schönheit willen?« Aus Angst, Kund:innen zu verlieren, gab das Unternehmen nach.

Trotzdem kommt es natürlich nicht in Frage zu behaupten, der Kapitalismus sei dem Fortschritt des Antispeziesismus besonders förderlich. Mit seiner rationalistischen und mechanistischen Sichtweise betrachtet der Kapitalismus Tiere immer als problemlos ausbeutbare Ressourcen, um die Produktion und damit den Gewinn für die Kapitaleigentümer:innen zu erhöhen. Nutztiere haben den Status von Konsumgüterlieferanten, sie existieren nur aufgrund ihres Marktwerts, und es wäre kontraproduktiv, ihnen die geringsten Rechte zuzugestehen, die womöglich die Produktionskosten steigern könnten.

Henry Stephens Salt (1851–1939), der sich bereits der Verbrechen des Kapitalismus an den Tieren bewusst war, schrieb 1892 in *Die Tierrechte im Hinblick auf ihre Beziehung zum gesellschaftlichen Fortschritt,* dass Aktivist:innen, die sich für eine Gesellschaftsreform oder dafür einsetzen, Tieren Rechte zuzugestehen, in einer Konkurrenzgesellschaft »auf dasselbe Endziel hinarbeiten« müssten.[5]

Der globalisierte Kapitalismus, der den Großteil unserer wirtschaftlichen Aktivitäten bestimmt, erscheint heute als verheerende Hybris. Die Ausweitung von industriellen Anbauflächen zwingt lokale Bevölkerungen (vor allem in Afrika) dazu, Bushmeat zu essen, und beeinträchtigt die Ökosysteme so stark, dass Wildarten wie Fledermäuse andere Tierarten kontaminieren. In beiden Fällen können sich Zoonosen zu einer Pandemie entwickeln (man denke an den Aids-Virus und Ebola in Afrika, an die Vogelgrippen oder an die Coronavirus-Erkrankungen in Asien – SARS, Covid-19 ...). Der Wettlauf um Profit blendet die Menschen, die den Tieren ebenso wie ihrer eigenen Gesundheit und der Umwelt schaden.[6]

---

[5] Henry Stephens Salt, *Animals Rights: Considered in Relation to Social Progress.* London: George Bell & Sons, 1892, Kapitel 8. Siehe auch Émilie Dardenne, »Portrait de Henry Stephens Salt, penseur et militant aux engagements multiples«, *Les Cahiers antispécistes,* Nr. 24, 2005.

[6] Vgl. jedoch im folgenden Kapitel die wesentlichen Unterschiede zwischen Antispeziesismus und Umweltschutz.

Auf individueller Ebene ist der Bürger im kapitalistischen Regime zunächst Konsument, bevor er als moralisches und politisches Subjekt betrachtet wird. Werbung und Marketing verführen ihn unter unterschiedlichen Vorwänden dazu, Fleisch zu kaufen. Ebenso wie bis zur Mitte der 1960er Jahre Zigarettenwerbungen den angeblichen gesundheitlichen Nutzen unterstrichen, behaupten die Fleischlobbys der Nahrungsmittelindustrie seit Jahren bis in die Schulkantinen hinein, Fleisch sei für eine gesunde und ausgewogene Ernährung notwendig.

Der Warenfetisch

Im *Kapital* erwähnt Marx den Warenfetisch als Mechanismus, der es ermöglicht, die materiellen Produktionsbedingungen einer Ware vergessen zu machen. Fleisch, das in kleinen weißen Styroportassen (der Farbe der Unschuld) arrangiert ist, die in den Regalen der Supermärkte schön aufgereiht stehen, ist Teil dieses Mechanismus. Die mit der »Produktion« dieses Fleischs verbundene Gewalt wird völlig unterschlagen, so wie auch bei der Werbung für ein Schmuckstück die Arbeit der Kinder, die in den Bergwerken der Demokratischen Republik Kongo Diamanten schürfen.[7] Die mit dem Fleischver-

---

[7] Siehe den Artikel von Soron Dennis, »Road kill commodity fetishism and structural violence«, in John Sanbonmatsu (Hg.), *Critical*

kauf verbundene Gewalt betrifft zwar zunächst die Tiere, die ein elendes Leben führen, aber auch die Arbeiterinnen und Arbeiter in Schlachthöfen, die einen der härtesten Berufe in westlichen Ländern ausüben.

Dieser Fetischisierungsprozess erlaubt es, ein in der Psychologie wohlbekanntes Phänomen aufzulösen: den Zustand der kognitiven Dissonanz. Die meisten Konsument:innen wissen, was sich in den industriellen Zuchtbetrieben, in den Schlachthöfen abspielt – einige haben sogar Videos darüber gesehen –, aber wenn sich die Essenszeit nähert, entscheiden sie sich ohne zu zögern für eine dieser hübschen weißen Tassen. Die meisten Menschen sind sich dieser Dissonanz nicht bewusst, sie spielen die unbequemen Informationen entweder herunter (»dieses Video ist eine Montage von Ausnahmefällen über einen langen Zeitraum in einem einzigen Schlachthof von über 200 in ganz Frankreich«), messen ihrem Handeln einen geringen Einfluss zu (»ich esse ohnehin nicht viel Fleisch« – eine Haltung, die mit der Verbreitung des Begriffs »Flexitarier« bekannt wurde, den die Fleischlobby propagiert hat), oder setzen sich über diese Situation hinweg, indem sie stolz verkünden: »Ich stehe zu meinen Widersprüchen, das macht mich menschlich, verletzbar, wir sind keine Roboter.« Halten wir hier kurz fest, dass angesichts der dramatischen Fol-

---

Theory and Animal Liberation. Lanham, MD: Rowman & Littlefield Publishers, 2011, S. 55–69.

gen des Klimawandels dieselben Verdrängungsstrategien angewandt werden.[8]

Zusätzlich werden Produkte tierischen Ursprungs von den Lobbys der in den kapitalistischen Ländern mächtigen Agro- und Nahrungsmittelindustrie wie Fetische beschützt. In dieser Hinsicht ist ein Krieg der Worte ausgebrochen, der auf hohem Niveau geführt wird: Diese Lobbys haben bereits 2017 erreicht, dass der Europäische Gerichtshof die Bezeichnungen »Sojamilch«, »Pflanzenkäse« oder »Tofubutter« verboten hat, während paradoxerweise »Kokosmilch«, »Fleischkäse« und »Erdnussbutter« unter Berufung auf die Tradition weiterhin zulässig sind …

Fleischersatz oder In-vitro-Fleisch: Ausweg aus Pawlowschen Reflexen

Die Tradition wird häufig von jenen, die den Antispeziesismus ablehnen, als starkes Argument präsentiert. Zucht, Schlachtung und Verzehr von Tieren folgen einer uralten Tradition. »Sicher, die Todesstrafe war das auch in allen Gesellschaften der Welt bis vor sehr kurzem in der Geschichte der Menschheit, das rechtfertigt aber

---

[8] Tomaž Grušovnik, Reingard Spannring und Karen Lykke Syse, *Environmental and Animal Abuse Denial: Averting Our Gaze*. Lanham, MD: Rowman & Littlefield, 2020.

nichts«, meinen dazu Tierrechts-Aktivist:innen. Vereine, NGOs und Regierungen, die sich dessen bewusst sind, dass die Viehzucht eine wichtige Quelle der Umweltverschmutzung darstellt – 14,5% des Treibhausgasausstoßes menschlichen Ursprungs und damit mehr als der gesamte Verkehr –, haben beschlossen, die Entwicklung von zwei Fleischalternativen zu unterstützen: den pflanzlichen »Fleischersatz« und das »In-vitro-Fleisch« bzw. »Kulturfleisch«.[9] Ersterer beruht auf der Verwendung von Pflanzen, um ein Konsumprodukt anbieten zu können, das in Geschmack und Textur mit Fleisch vergleichbar ist, während zweiteres darauf basiert, in vitro ursprünglich Tieren entnommene Muskelzellen anzusetzen, um Fleisch im Labor zu produzieren.[10]

Anfang Dezember 2020 war Singapur das erste Land der Welt, das die Kommerzialisierung von künstlichem Huhn erlaubte. Die Reaktion des französischen Landwirtschafts- und Ernährungsministers Julien Denormandie war interessant:

> Ist das wirklich die Gesellschaft, die wir für unsere Kinder wollen? Ich sage NEIN. Ich sage ganz klar: Fleisch

---

[9] Zum menschengemachten Treibhausgasausstoß vgl. http://www.fao.org/livestock-environment/.

[10] Zu dieser Technologie vgl. Thomas Lepeltier und David Chauvet, *Plaidoyer pour une viande sans animal*. Paris: PUF, 2021; sowie Benjamin Aldes Wurgaft, *Meat Planet: Artificial Flesh and the Future of Food*. Berkeley: University of California Press, 2019.

> stammt vom lebenden Tier, nicht aus Laboratorien. Zählen Sie auf mich, damit in Frankreich das Fleisch natürlich bleibt und nie künstlich wird![11]

Entsteht das Fleisch in diesem Fall nicht vielmehr durch den Tod eines Tieres? Wurden die Nutztierrassen nicht vom Menschen durch genetische Auswahl geschaffen? Sind sie »natürlich«? Werden Kühe, Mutterschweine, Ziegen nicht »künstlich« besamt? Auf anthropologischer Ebene scheint es, als gäbe es ein unbewusstes Bedürfnis zu töten, um sich von Fleisch zu ernähren (hierauf kommen wir in Kapitel 10 zurück).

Anfang 2023 entwickelten mehr als 99 Start-Ups Kulturfleisch, ein Großteil davon in den USA und auch in Israel.[12] Sowohl bei pflanzlichem Fleischersatz als auch bei Kulturfleisch geht es um enorme wirtschaftliche Einsätze, und häufig sind es die Schwergewichte des Fleischsektors, die in diese Start-Ups investieren oder Unternehmen aufkaufen, die pflanzlichen Fleischersatz produzieren. Eine Studie der Unternehmensberatungsfirma A. T. Kearny geht davon aus, dass bis 2040 pflanz-

---

[11] Statement auf Twitter, 2. Dezember 2020. Im November 2022 erfolgte die Zulassung von In-vitro-Hühnerfleisch durch die US-amerikanische Food and Drug Administration.

[12] *The Global Market for Cultured Meat - Market Size, Trends, Competitors, and Forecasts*, Research and Markets, 2023.

licher Fleischersatz und Kulturfleisch jeweils 25 und 35% des verkauften Fleischs ausmachen werden.[13]

Ausgehend von dem Prinzip, dass dieses »Fleisch« einen Ersatz bietet, durch den die Tötung von Tieren vermieden werden kann, bewerben es manche Veganer:innen oder Antispeziesist:innen. So erklärte der Verein Peta (People for the Ethical Treatment of Animals) im Jahr 2008, dass er dem ersten Unternehmen, das Hühnerfleisch im Labor erzeugen könne, das nicht von natürlichem Fleisch zu unterscheiden sei, in großen Mengen produziert und in mindestens zehn Ländern vertrieben würde, eine Million Dollar biete.

Für viele Menschen, die sich in unterschiedlichem Maße gegen den Kapitalismus engagieren, ist dieser Aufruf von Peta und allgemeiner die fehlende Verurteilung von Kulturfleisch oder die Werbung für Fleischersatz produzierende Unternehmen eine Todsünde. Eine Soziologin, die früher Züchterin war, Jocelyne Porcher, und ein Politologe, Paul Ariès, haben es sich zur Hauptaufgabe gemacht, Antispeziesist:innen als Handlanger:innen des Großkapitals zu ächten, das die Supermärkte mit »Frankenfood« überschwemmen will.[14]

---

[13] Nina Gheihman, »Industrie végane«, in Renan Larue, *La Pensée végane: 50 regards sur la condition animale*. Paris: PUF, 2020, S. 323–334, hier S. 332. Siehe auch Damian Carrington, »Most ›meat‹ in 2040 will not come from dead animals, says report«, *The Guardian*, 12. Juni 2019.

[14] Vgl. Jocelyne Porcher, *Cause animale, cause du capital*. Lormont:

Eigentlich empfehlen Antispeziesist:innen vor allem eine gesunde und ausgewogene Ernährung ohne tierische Produkte, etwa mit Hülsenfrüchten als Proteinlieferanten. Die Internetseiten vegan.at oder vegane.org, die von den Veganen Gesellschaften in Österreich und Deutschland betrieben werden, empfehlen keinen Fleischersatz (und Kulturfleisch wird in Europa bisher nicht vertrieben). Nur weil es Karnist:innen schwerfällt, das Fleisch aufzugeben, kann es sinnvoll sein, ihnen in einem ersten Schritt ein Ersatzprodukt anzubieten, so wie Subutex oder Methadon für Drogensüchtige, um sie beim Opioidentzug zu unterstützen. Deshalb die Antispeziesist:innen als nützliche Idioten des Kapitalismus zu betrachten, würde einen bedauernswerten antikapitalistischen Pawlowschen Reflex verraten.

Ebenso verhält es sich mit der Verteidigung der »Kleinbauern«: da Antispeziesist:innen sich eben gegen die Vorstellung wenden, Tiere zu mästen, um sie zu töten, verurteilen sie nicht nur die industrielle Zucht, sondern auch kleine Bauern auf dem Land. Die Confédération paysanne, eine eher fortschrittlich orientierte Bauerngewerkschaft, veröffentlichte etwa eine Sammlung von Interviews mit Bäuerinnen und Bauern unter dem

---

Le Bord de l'eau, 2019; sowie Paul Ariès, *Lettre ouverte aux mangeurs de viandes, de fromages et buveurs de laits qui souhaitent le rester sans culpabilisier*. Paris: Larousse, 2019. Thomas Lepeltier reagiert in *L'Imposture intellectuelle des carnivores*. Paris: Max Milo, 2017, S. 53–61 auf beide.

Titel *Cause animale, cause paysanne* (*Tierrecht, Bauernrecht*), die ebenfalls den Antispeziesismus verurteilte. Zwar anerkennt das Buch, dass »der Hauptfeind die Industrialisierungsbewegung ist, die Menschen ebenso wie Zuchttiere versklavt«, es verurteilt allerdings Veganer:innen und Verteidiger:innen der Agroindustrie gleichermaßen.[15] In einer Besprechung dieses Buchs merkt Tristan Lefort-Martine folgendes an:

> Es wird klar, dass der Standpunkt der Zuchttiere auf diesen von menschlichen Tränen getränkten Seiten fast nicht vorkommt. Es geht um das Leid der Bäuerinnen und Bauern, wenn die Industrialisierung ihnen ihre privilegierte Verbindung zum Tier nimmt. Die Bäuerinnen und Bauern leiden an der Verschlechterung ihres Berufsbildes und dafür sind die Veganer:innen verantwortlich. Bis in den Schlachthof hinein sind »die ersten Opfer die Schlachthofarbeiter:innen«.[16]

Der Antikapitalismus reicht nicht aus, damit Bäuer:innen und Antispeziesist:innen sich treffen. Umso mehr, als Antispeziesist:innen nicht immer antikapitalistisch eingestellt sind, denn ebenso wie der Kapitalismus sich jedes Mittels bedient, um die Kapitaleigentümer:innen zu bereichern, wie die großen Investitionen in Fleischersatz-

---

15 Confédération paysanne, *Cause animale, cause paysanne*. Paris: Utopia, 2020, S. 196.

16 In der Zeitschrift *L'Amorce*, 2019 (bit.ly/lefort-martine).

marken und Start-Ups zeigen, die sich mit Kulturfleisch befassen, gibt es Antispeziesist:innen, die sich rein pragmatisch an den Kapitalismus anpassen, um die Sache der Tiere voranzutreiben. Aus dem antispeziesistischen Blickwinkel ist es außerdem durchaus vorstellbar, Prioritäten zu setzen, um zu verhindern, dass jedes Jahr 70 Milliarden Landtiere getötet werden, und danach den Kapitalismus zu bekämpfen.

Die Tatsache, dass Befürworter:innen des Antispeziesismus das »Fleisch« gutheißen oder zumindest nicht verurteilen, das ohne die Tötung von Tieren auskommt, konstituiert Nina Gheihman zufolge die »kapitalistische Wende« des Veganismus.[17] Diese Aktivist:innen sind zudem häufiger offen für neue Technologien. Vor eineinhalb Jahrhunderten hätten Antispeziesist:innen ganz sicher den Einsatz von Kerosin als Tranersatz begrüßt (und später die Serienproduktion von Fords Auto Model T anstelle von Pferden), während Antikapitalist:innen diese Innovationen bekämpft hätten, weil sie darin kapitalistische Aneignung gesehen hätten.

Wenn der Antispeziesismus also nicht unbedingt antikapitalistisch ist, können sich seine Vertreter:innen unter der Fahne der Ökologie versammeln?

---

[17] In Renan Larue, *La Pensée végane,* a. a. O., S. 324.

5
Ist der Antispeziesismus Teil der Ökologiebewegung?

Der Antispeziesismus entwickelte sich wie bereits erwähnt in Frankreich Anfang der 1990er Jahre unter Sympathisant:innen libertärer Ideen. Der erste in diesen Kontexten entstandene Text war eine Broschüre vom Mai 1989 mit dem Titel *Wir essen kein Fleisch, um keine Tiere zu töten.*[1] Auf den knapp 50 Seiten dieser Broschüre steht die Ökologie nicht im Vordergrund, in einem Text über die Natur schreibt Yves Bonnardel jedoch:

> Heute fällt oft die Parole: »Im Einklang mit der Natur leben« [...] [I]mmer wird es mehr oder weniger ausdrücklich darum gehen, die destruktive Ausbeutung der Natur (Leben, Landschaften, unterschiedliche Ressourcen zusammengenommen) aufzugeben. Tatsächlich geht es (je nach Werten, die man in den Vordergrund stellen will) darum, die Welt verantwortlich, rational, wirtschaftlich

[1] Die fünf Autor:innen dieser Broschüre, von der sich einige Tausend Exemplare verkauft haben und die online abrufbar ist, sind Corinne Monnet, Françoise Blanchon, Martial, Yves Bonnardel und David Olivier.

> oder effizient zu verwalten. Das heißt, sein Pferd zu schonen, damit es weiter laufen kann, oder die Arbeitssklaven nicht zu töten, weil man sie braucht. Es heißt, weder »Artensterben« noch den Zerfall der traditionellen »ökologischen Gleichgewichte« zu verursachen, um besser von den tierischen und pflanzlichen Leben profitieren zu können. (S. 36)

Er verurteilt eine anthropozentrische Logik, der zufolge das Leben von Tieren immer den Menschen dienen muss.

Ein weiterer Autor dieser Broschüre gegen den Fleischkonsum, David Olivier, veröffentlichte 1993 einen kämpferischeren Text darüber, was seine Sicht des Antispeziesismus von der Ökologie trennt: »Warum ich kein Umweltschützer bin«.[2] Anfangs sollte der Artikel in einer Umweltschutzzeitschrift erscheinen, die ihn jedoch ablehnte. Er erklärt, dass er der Umwelt keinen Wert an sich zugesteht, sondern nur im Hinblick auf empfindungsfähige Individuen, die diese Umwelten bevölkern, seien es nun Menschen oder andere Tiere. In einer utilitaristischen Perspektive vertritt auch er, dass eine Veränderung der Natur nichts prinzipiell Schlechtes ist.[3]

---

[2] Olivier David, »Pourquoi je ne suis pas écologiste«, *Cahiers antispécistes,* Nr. 7, Juni 1993.

[3] Wie im zweiten Teil des ersten Kapitels dargestellt, gibt es zwei große Anschauungen der Tierethik: Eine basiert auf der Rechtetheorie (man spricht vom deontologischen Ansatz), die andere leitet sich vom Utilitarismus, präziser vom Konsequenzialismus ab. Eine Handlung wird nach ihren Folgen im Hinblick auf das erzeugte Leid oder

Über diese Texte zweier »historischer« Vertreter des französischen Antispeziesismus wird ein wesentlicher Unterschied zwischen Antispeziesismus und Ökologie deutlich, der noch heute für ein Verständnis der aktuellen Herausforderungen unverzichtbar ist.

Arten und Individuen

Die erste wichtige Differenz zwischen Umweltschützer:innen und Antispeziesist:innen bezieht sich auf den Gegenstand ihrer Betrachtungen. Die Umweltschutzbewegung konzentriert sich auf die Arten und thematisiert häufig das Artensterben, ohne allerdings immer erklären zu können, inwiefern das Verschwinden einer Spezies problematisch wäre. Selbstverständlich ist es angesichts der Komplexität von Ökosystemen und der vielfältigen komplexen Verbindungen, die sie kennzeichnen, möglich, dass Gleichgewichte zerstört werden, was zu großem Leid führen kann. Dennoch ist die Auffassung des Antispeziesismus im Verhältnis zur Natur grundsätzlich anders, einer Natur, aus der sie die Menschen nicht

---

den verschafften Genuss beurteilt. Im letzten Fall kann sogar eine Regulationsjagd in Betracht gezogen werden, wenn die Tötung einiger Raubtiere zur Rettung von vielen Beutetieren führt (eine Löwin tötet im Laufe ihres Lebens Hunderte Gazellen; siehe weiter unten den Abschnitt über Eingriffe in die Natur).

ausnehmen. Sie versuchen, das Leiden empfindungsfähiger Wesen zu verhindern.

Sehen wir uns beispielsweise eine Population von 50 Gämsen in einem Bergmassiv in den Alpen an. Wenn jährlich ungefähr 20 Zicklein geboren werden (zusätzlich zu den Geburten, die natürliche Todesfälle ausgleichen) und savoyische Jäger:innen auch ungefähr 20 Gämsen töten, ist das für Umweltschützer:innen in Ordnung: Die Population bleibt erhalten, sie bleibt stabil. Dagegen entrüsten sich Antispeziesist:innen darüber, was sie als grausames und unrechtmäßiges Sterben aufgrund des Handelns der Jäger:innen betrachten. Sie sehen 20 Individuen, die ungerechterweise ihres Rechts auf Leben beraubt werden und ziehen auch die Unruhe innerhalb der Gämsenfamilien in Betracht (wie der Schriftsteller Felix Salten 1923 für das Jungreh »Bambi« gezeigt hat, dem die Mutter genommen wird, und das mit dem bekannten weltweiten Erfolg der Filmfassung).

Da der Speziesismus weithin dominiert, hat der ökologische Ansatz gegenüber antispeziesistischen Überlegungen die Oberhand. Individuen, die in Ökosystemen leben, werden nicht als das wahrgenommen, was sie sind, empfindungsfähige Wesen mit eigenem Leben und einer Persönlichkeit (wie Menschen mit Kontakt zu Haustieren wissen), sondern als schlichte Elemente einer »Umwelt«, die es im Namen eines Erhaltungsgedankens zu schützen gilt, der manchmal dem Konservatismus sehr nahesteht.

Auch hier sprechen die Beispiele für sich, und das folgende betrifft unsere zeitgenössische Welt. Im Dezember 2020 deckten Journalisten anlässlich einer Weltumseglungs-Regatta ein Tabu auf: die Zusammenstöße von Booten mit »unidentifiziertem Treibgut«. Mit dieser Bezeichnung, die nicht ganz nostalgiefrei an Science-Fiction-Romane erinnert, werden schamhaft Kollisionen zwischen großen Meerestieren und diesen Meeresboliden bezeichnet. Der Journalist von France Inter, der diesen unbekannten Aspekt der Wettrennen – Hunderte getötete oder verletzte Delphine, Pottwale und andere Wale – öffentlich machte, erklärte:

> Gegen ein Meerestier zu prallen, ist ein Umweltschaden. Es ist auch eine Gefahr für den Skipper und sein Boot. Vor vier Jahren, während der letzten Vendée Globe, kreuzte Kito de Pavant den Weg eines Pottwals. Resultat: Der Kiel seines Bootes wurde abgerissen […][4]

Nichtmenschliche Individuen haben an sich keinerlei Wert, vor allem sorgt man sich um den Kiel des Bootes. Darüber hinaus ist der Satz über die »Umweltschäden« einigermaßen vage, es wird nicht deutlich, inwiefern diese Zusammenstöße »der Umwelt« schaden sollten.

---

[4] Reportage von Jérôme Val, ausgestrahlt auf France Inter am 9. Dezember 2020.

In einem pointierten Buch gegen diese Ideologie der menschlichen Vormachtstellung scheut sich Cédric Stolz nicht, einen »totalitären Umweltschutz« anzusprechen, wenn empfindungsfähige Individuen einer Wertung unterworfen werden, und sogar von einem »Ökofaschismus« zu sprechen:

> Die *totalitäre* Ökologie betrachtet Individuen als völlig austauschbare Exemplare im Vergleich mit anderen Individuen, die derselben Kategorie – häufig der Spezies – zugeordnet werden. Sie zählen nicht, sie werden nur gezählt: Das einzig Wichtige ist ihre Anzahl, die gewährleisten kann, dass die ihrer Kategorie zugeschriebene »Funktion« den Erhalt der Gesamtheit »Natur« sicherstellt. So kann das, was bestimmten, als »schädlich« definierten empfindungsfähigen Wesen im Namen der »Naturbewirtschaftung« von Jägern angetan wird, als *Ökofaschismus* bezeichnet werden.[5]

Nach Meinung dieses Autors läuft die speziesistische Ökologie auf eine Bestandsökologie hinaus, die sich mit Vorstellungen vom Tierwohl arrangiert, weil »es in beiden Fällen darum geht, Tötungen dauerhaft zu managen, um den Fortbestand einer Art zu sichern«.[6] Eine antispeziesistische Ökologie müsste somit empfindungsori-

---

[5] Cédric Stolz, *De l'humanisme à l'antispécisme: le xxie siècle est celui des animaux*. Nizza: Éditions Ovadia, 2019, S. 158.
[6] Ebenda, S. 160.

entiert sein und Ökosysteme allein zum Nutzen aller empfindungsfähigen Wesen optimieren, die darin leben.

Die Huldigung der Ökosysteme und der Naturbegriff

Ebenso wie Umweltschützer:innen sich auf die Arten konzentrieren, versuchen sie außerdem, Ökosysteme zu erhalten. Diese werden gelegentlich sogar aus einer anthropomorphen Perspektive betrachtet: Nach Meinung des Wirtschaftswissenschaftlers Éloi Laurent muss man sich etwa um die Vitalität und Gesundheit von Ökosystemen bemühen.[7] Das entspricht einer sehr trendigen Bewegung, die zu Anfang des Millenniums entstanden ist, dem sogenannten »One Health«-Ansatz, der einen einheitlichen Ansatz bezüglich des Wohlergehens von Menschen, Tieren und Ökosystemen vertritt. Einem Ökosystem geht es allerdings weder gut noch schlecht. Veränderungen von Ökosystemen sind normal und kommen vor, seit es die Erde gibt ... Sollte man sich nicht darüber freuen, dass das Ökosystem der Zone der Sumpfgebiete in Paris im vierzehnten Jahrhundert trockengelegt und zu dem zentral gelegenen Viertel wurde, an dem nur noch der Name (Marais) diesen Ursprung verrät? Zu-

---

[7] Éloi Laurent, *Et si la santé guidait le monde? L'espérance de vie vaut mieux que la croissance*. Paris: Les liens qui libèrent, 2020.

dem gab es bis ins neunzehnte Jahrhundert bis nach Nordeuropa immer wieder Malariaepidemien.

Speziesistische Umweltschützer:innen huldigen den Ökosystemen, die sie als konstant und unveränderlich verstehen, in Harmonie mit einer idealisierten »Natur«. Die Viehzucht wird als »natürlich« wahrgenommen, obwohl die meisten Zuchtbetriebe industrieller Art sind und die ausgebeuteten Tiere unabhängig von der Beschaffenheit der Aufzucht seit Jahrhunderten aus genetischer Selektion und in jüngster Zeit aus Genmanipulationen hervorgehen. Deshalb wagen nur wenige Umweltschutzvereinigungen, den Viehzuchtsektor in Frage zu stellen, obwohl die Viehzucht für 14,5% des Ausstoßes von Treibhausgasen aufgrund menschlicher Aktivitäten oder auch 60% der Entwaldung des Amazonasgebiets verantwortlich ist und 77% des landwirtschaftlich genutzten Bodens vereinnahmt.[8]

In ihrer Sorge um den Schutz »der Natur« meinen Umweltschützer:innen, »alles muss sich ändern, damit alles bleibt, wie es ist«.[9] Anstatt die Viehzucht in Frage zu stellen, führt eine Art Technikoptimismus dazu, dass

---

[8] Der Film von Kip Andersen und Keegan Kuhn, *Cowspiracy* (2014) folgt einem Aktivisten, der Funktionär:innen von Organisationen wie Greenpeace oder WWF mit den ökologischen Auswirkungen der Viehzucht konfrontiert, ein Thema, das in ihren Kampagnen vernachlässigt wird.

[9] Dieser berühmte Satz stammt aus dem Roman *Der Leopard* von Giuseppe Tomasi di Lampedusa, den Luchino Visconti verfilmt hat.

sie in Betracht ziehen, zum Beispiel die Methanemissionen des Viehs durch Genmanipulation oder durch Ernährung der Rinder mit Algen zu verringern.[10] Für Antispeziesist:innen wäre es viel wichtiger, den Fleischkonsum drastisch zu reduzieren und Umschulungsprogramme für Viehzüchter:innen anzubieten (wie das für Grubenarbeiter gemacht wurde).

Auf ethischer Ebene hängen Umweltschützer:innen, die für die antispeziesistischen Thesen nicht empfänglich sind, nicht nur an der Erhaltung von Ökosystemen, sondern auch an der Biodiversität, die für sie einen intrinsischen Wert besitzt. Diese von der großen Mehrheit vertretene Strömung befürwortete auch die Convention citoyenne pour le climat (Klima-Bürgerrat), die 2020 von der französischen Regierung einberufen wurde. Im Endbericht ging es darum, die Verfassung von 1958 zu verändern, entweder durch Einfügung eines Satzes in der Präambel, der feststellt, dass »die Vereinbarung von Rechten und Freiheiten und der Prinzipien, die daraus resultieren, den Erhalt der Umwelt, des gemeinsamen Erbes der Menschheit, nicht beeinträchtigen dürfen«, oder durch einen dritten Absatz im ersten Artikel, nämlich: »Die Republik gewährleistet den Erhalt der Biodiversität und der Umwelt und bekämpft den Klimawandel.«

---

[10] Tatiana Schlossberg, »Seaweed could ›neutralize‹ stubborn methane emissions from cows, slowing climate change«, *Washington Post,* 1. Dezember 2020.

Zudem versuchen Umweltschützer:innen im Namen der Biodiversität ausgerottete Arten wieder anzusiedeln, insbesondere Raubtiere wie Wolf und Braunbär. In einem wiederum der Vergötterung der Natur geschuldeten Ansatz und unter dem Vorwand, es habe auf dem französischen Land immer Wölfe gegeben, müsse man sie wieder ansiedeln. Dasselbe gilt für den Bären in den Pyrenäen. Antispeziesist:innen berücksichtigen dagegen zunächst das Leid, das derartige Aktionen hervorbringen: im ersten Fall das der Schafe und der Individuen von vielen Wildarten, etwa Hirsche, Rehe, Wildschweine oder Vögel, die von den Wölfen gerissen werden, und im zweiten, dass es die Bärenfamilien in Slowenien zerstört, wenn slowenische Bären gefangen werden, und dass auch hier das Problem des Raubtiers besteht. Im weiteren Sinne sind Umweltschutz und Antispeziesismus in Bezug auf die Frage unterschiedlicher Ansicht, ob ein Eingreifen des Menschen in Naturgebiete wünschenswert ist oder nicht.

Die Frage des Eingreifens in die Natur

Seit Anfang der 1980er Jahre rivalisieren drei Grundformen der Ethik miteinander. Die klassische, anthropozentrische Ethik stellte den Menschen ins Zentrum jeder Überlegung, und dies häufig auf kurze Sicht. Eine Tierart oder ein Ökosystem sind nur in Bezug darauf von Interesse, was sie für die Menschen leisten. Die Umweltethik wiederum ist biozentrisch. Autor:innen und Politiker:innen wie Nicolas Hulot, Aurélien Barrau oder Bruno Latour verherrlichen das Lebendige, seien es selten gewordene Pflanzen, Ökosysteme, Insekten oder andere von der Ausrottung bedrohte Tiere. Die antispeziesistische Ethik schließlich stellt den Begriff der Empfindungsfähigkeit in den Mittelpunkt. Das Zentrum ihrer Überlegungen bilden alle empfindungsfähigen Individuen.

Bereits recht früh, im Jahr 1984, glaubte der Philosoph Mark Sagoff, ein gewichtiges Argument zugunsten der Umweltethik einbringen zu können, als er erklärte, dass, wenn die Tierethik kohärent wäre, ihre Befürworter:innen sich nicht nur auch um Raubtiere kümmern, sondern auch in die Natur eingreifen müssten, um hungernden oder durstenden Tieren oder Tieren, die von anderen bedroht sind oder keine Zuflucht hätten, zu Hilfe zu kommen. Er schrieb:

> Die Anhänger der Befreiung der Tiere müssen moralisch von der Gesellschaft fordern, dass sie das tierische Leid lindert, wo sie dies kann [...], sei es in einem Hühnerstall oder in der freien Wildbahn. Wenn nicht, wird die These der Tierbefreiung zu einem dieser Allgemeinplätze, die man lernt, wie sich die Schuhbänder zu schnüren: Man darf Tieren nichts Böses antun.[11]

---

[11] Mark Sagoff, »Animal liberation and environmental ethics: bad

Sagoff zufolge sei es zudem im Interesse der Tiere, sie zu domestizieren, da die überwiegende Mehrheit der wildlebenden Tiere das Erwachsenenalter nicht erreicht und unter Parasiten, Raubtieren, schädlichen klimatischen Bedingungen, Krankheiten usw. leidet:

> Mutter Natur ist so grausam gegenüber ihren Kindern, dass sie Frank Perdue [einen Magnaten der industriellen Geflügelzucht] wie einen Heiligen erscheinen lässt [...] Man kann bescheiden die Umwandlung der nationalen Naturgebiete, insbesondere der Nationalparks, in Bauernhöfe vorschlagen, um die gewalterfüllten Naturgebiete durch humanere und besser gemanagte Umgebungen zu ersetzen.[12]

Während Sagoff meinte, er habe die Tierethik damit als inkohärent ad absurdum geführt, haben sich Antispeziesist:innen der Herausforderung gestellt und erwägen sehr ernsthaft Eingriffe in die Natur, um das dort herrschende Leid zu mildern. Die Aufgabe ist gewiss enorm, das gleiche gilt allerdings für das Vorhaben, das menschliche Elend auf der Welt zu bekämpfen. Die Größe der Aufgabe sollte uns nicht zur Tatenlosigkeit verdammen. Zudem gibt es, wenn man die Sache näher betrachtet, bereits heute Empfängnisverhütungspro-

---

marriage, quick divorce«, *Osgoode Hall Law Journal* 22, Nr. 2, 1984, S. 301.

12 Ebenda, S. 303.

gramme, um bei bestimmten Arten die Überbevölkerung zu ihrem Wohl zu bekämpfen, sowohl aus einer Perspektive der Tierrechte als auch des Umweltschutzes. Anfang 2021 wurde eine Kampagne erneut aufgenommen, die zwischen 2004 und 2013 umgesetzt wurde, bei der Koalaweibchen einen Augenblick eingefangen wurden, um ihnen ein Verhütungsmittel zu injizieren, bevor sie wieder freigelassen wurden.[13] In einem anderen Bereich werden seit ungefähr zwanzig Jahren Brücken oder Tunnel gebaut, um es Wildtieren zu ermöglichen, große Straßenverbindungen zu überqueren.

Im Antispeziesismus hat sich eine Bewegung entwickelt, die darauf abzielt, »das Leid wildlebender Tiere zu vermindern« (auf Englisch RWAS), sie spaltet jedoch Wissenschaftler:innen und Aktivist:innen. Während Peter Singer ihr gewogen ist, haben sich Tom Regan, Gary L. Francione oder Martha Nussbaum eher reserviert gezeigt.[14] Neben der Tatsache, dass eine Intervention wegen der Komplexität der Prädationsbeziehungen und der Instabilität der Ökosysteme letztlich riskieren würde, mehr Probleme zu schaffen, als sie löst, könnte es paternalistisch erscheinen, zu denken, dass der Mensch sich in die Beziehungen zwischen Tieren einmischen muss. Es gibt

---

[13] Donna Lu, »Koalas are being given birth control to fight overpopulation«, *New Scientist,* 1. Januar 2021.

[14] Diese Positionen stellt Valéry Giroux sehr klar dar: *L'Antispéciesisme,* a. a. O., S. 110 bis 118.

Stimmen, die die Vertreter:innen der RWAS-Bewegung beschuldigen, sich als Demiurgen zu gerieren.[15] In Reaktion darauf stellten sich Forscher wie Thomas Lepeltier, David Olivier und Yves Bonnardel auf die Seite von Singer. Wäre es ein Kind, das von einer Löwin angegriffen wird, müsse man handeln, warum hätte man also diese moralische Verpflichtung nicht, wenn es sich um eine Gazelle handelt, die man retten kann? Es ist schwierig, darauf eine nicht-speziesistische Antwort zu finden …

Bedingt der Antispeziesismus die Ausrottung von Arten?

Die Gegner des Antispeziesismus beziehen sich häufig auf Nutztierarten und meinen, dass die Tierrechts-Aktivist:innen sich schuldig machen, deren Ausrottung zu betreiben. Der sehr medienwirksame Philosoph Alain Finkielkraut etwa hat sich immer wieder gegen die industrielle Tierzucht ausgesprochen, befürwortet aber weiterhin die Haltung von Rindern auf dem französischen Land.[16] Dieses Klischee ist sicherlich sympathisch,

---

[15] Da die überwiegende Mehrzahl der Antispeziesist:innen Atheist:innen sind, »halten« sie sich nicht für Gott, wenn sie die Natur verändern, sie meinen schlicht, dass sie versuchen können, es besser zu machen als es der Zufall gemacht hat.

[16] Alain Finkielkraut, *Des animaux et des hommes*. Paris: Stock, 2018.

es zu verteidigen ist aber wiederum eine Art von romantischer »Naturverherrlichung«. Milchkühe gehen in Wirklichkeit aus Kreuzungen hervor, um das Volumen ihrer Milchproduktion und die Qualität ihrer Milch für die Menschen zu verbessern. Sie werden zumeist nach drei Laktationsperioden »außer Betrieb gestellt«, was nüchtern gesagt bedeutet, dass sie den Weg zum Schlachthof nehmen. Das ist bei den Kühen der Rasse Prim'Holstein der Fall, die in Frankreich bei Weitem am häufigsten ist. Aus antispeziesistischer Perspektive wäre es sinnvoll, die letzten Exemplare auf Gnadenhöfen leben zu lassen und die Inseminationen zu stoppen.

Israelische Agrarwissenschaftler:innen haben eine federlose Hühnerrasse entwickelt, die dem Klima des Landes besser angepasst ist.[17] Die Züchter geben weniger für die Klimatisierung der Hallen aus und im Schlachthof ist der Schritt des Rupfens nicht mehr nötig. In vielen Ländern gibt es Hühner, die ebenfalls durch Kreuzungen und Zuchtauswahl erzielt wurden, die so schnell wachsen, dass sie sich nicht auf ihren Füßen halten können. Nach Meinung der Antispeziesist:innen wäre es in ethischer Hinsicht nicht schlimmer, wenn diese Rassen verschwinden, als es das Ende anderer menschengemachter Produkte wie des Fax oder der VHS-Videokassetten war. Der Antispeziesismus ist immer be-

---

[17] Emma Young, »Featherless chicken creates a flap«, *New Scientist,* 21. Mai 2002.

müht, das Leid von Individuen zu vermindern, und spricht damit der Spezies an sich keinen Wert zu, insbesondere dann, wenn es sich um Arten handelt, deren Individuen besonders leiden (was bei den federlosen Hühnern der Fall wäre, die vermehrt von Parasiten gequält werden).

Zum Thema der Haustiere sind die Positionen schärfer. Da der Mensch im Allgemeinen nicht fähig ist, zu Haustieren gerechte Beziehungen aufzubauen, meint der Jurist und Philosoph Gary L. Francione, seit den 1980er Jahren eine prägende Gestalt der antispeziesistischen Bewegung, es wäre vorzuziehen, die heute existierenden Haustiere zu sterilisieren, die Zucht von Haustieren zu beenden und diese »Ausbeutung« zu unterbinden.[18] Sein Standpunkt wird als »extinktionistisch« angesehen.

Im Gegensatz dazu meinen Sue Donaldson und Will Kymlicka in *Zoopolis,* dass eine gegenseitig nutzbringende Beziehung vorstellbar sei, indem man Haustieren den Status von »Staatsbürger:innen« einräumt.[19] Das bedeutet natürlich nicht, dass sie das Wahlrecht erhalten würden, man würde ihnen aber Rechte zugestehen, die es erlauben, sich ihres Wohlbefindens zu vergewissern. Wie auch immer, das Aussterben bestimmter Arten

---

[18] Gary L. Francione und Anna Charlton, *Animal Rights: The Abolitionist Approach.* O.O.: Exempla Press, 2015.

[19] Sue Donaldson und Will Kymlicka, *Zoopolis. Eine politische Theorie der Tierrechte.* Aus dem Englischen von Joachim Schulte. Berlin: Suhrkamp, 2013.

durch Nicht-Fortpflanzung und Schutz der letzten Individuen ist keine Hypothese, die diejenigen Antispeziesist:innen ausschließt, die sich weigern, die Idee der Spezies an sich zu idealisieren.

Reparatur der Welt

Wenn auch bisher hauptsächlich die Meinungsverschiedenheiten zwischen Antispeziesist:innen und Umweltschützer:innen beschrieben wurden, gibt es doch Bereiche, in denen diese beiden Bewegungen übereinstimmen können. Ein Ökosystem zu bewahren bedeutet häufig, den empfindungsfähigen Individuen, die es ausmachen, bessere Lebensbedingungen zu bieten. Der Umweltaktivist Jean-Marc Gancille zum Beispiel meint, dass Umweltschützer:innen und Antispeziesist:innen gemeinsam gegen den globalisierten Kapitalismus kämpfen müssen, der alles Leben als Möglichkeit zur Erzielung von Gewinnen betrachtet. Der Autor fordert vor allem zur Feststellung eines Scheiterns auf:

> Der Mensch hat seine Unfähigkeit, die Umwelt zu schützen, ausgiebig bewiesen und sollte künftig anderen Lebewesen eine enorme Demut entgegenbringen, die er beherrscht und die er in seinem Kielwasser mit sich reißt. Die natürlichen Ökosysteme andererseits haben ihr außerordentliches Resilienzvermögen bewiesen, sofern die

> Tier- und Pflanzenpopulationen, die sie bevölkern und die sich ganz allein perfekt regulieren, in Ruhe gelassen werden. Jede Ausbeutung von Tieren einzustellen, indem jedes Individuum hinsichtlich seines intrinsischen Werts und seines Rechts auf Leben betrachtet wird, würde so unbestreitbar dazu beitragen, die für alle Bewohner:innen dieses Planeten lebenswichtigen ökologischen Funktionen wiederherzustellen.[20]

Es bestehen zudem Bindeglieder zwischen dem Antispeziesismus und dem Umweltschutz. Aufgrund der Einsicht in die Dringlichkeit des Kampfes gegen den Klimawandel unter den Aktivist:innen gründeten im Juni 2019 Mitglieder der Bewegung Extinction Rebellion eine Gruppe Animal Rebellion, die sich ausgesprochen der Anprangerung der Verbrechen der industriellen Tierzucht widmet. Ihre Devise lautet *Rebel for all life* (»Für jedes Leben rebellieren«) und fordert unmissverständlich dazu auf, den Anthropozentrismus aufzugeben.

Der Philosophin Clare Palmer zufolge muss der Mensch wegen seiner Verantwortung für die Klimakrise den wildlebenden Tieren zu Hilfe kommen, und insofern zieht sie drei Handlungsmöglichkeiten in Betracht: die Rettung von Tieren, die Wiederherstellung von Habitaten und sogar die »assistierte Migration«, um Gruppen

---

[20] Jean-Marc Gancille, *Carnage. Pour en finir avec l'anthropocentrisme*, a. a. O., S. 163f.

von Tieren an Orte umzusiedeln, die für sie besser geeignet sind.[21] Ihre theoretische Arbeit ermöglicht es zudem, die Komplexität der Umwelt- und Antispeziesismus-Ethik zu verdeutlichen. Die assistierte Migration sagt den Umweltschützer:innen zu, die den (so geretteten) Arten vor den Ökosystemen den Vorzug geben. Sie erinnert daran, dass es sogar unter den Antispeziesist:innen den Unterschied zwischen jenen gibt, die einen utilitaristischen Ansatz – was zählt, ist das Endergebnis – bevorzugen, und jenen, denen die Rechte wichtig sind, die den Tieren eingeräumt werden müssten.[22] Letztgenannte stimmen also mit den Umweltschützer:innen überein, die »die Natur respektieren« wollen und damit eine beinahe religiöse Verbundenheit verraten, die in der nachhaltigen oder radikalen Umweltschutzbewegung häufig zu finden ist. Worin besteht nun die Verbindung zwischen dem Antispeziesismus und den wichtigsten Religionen?

---

[21] Clare Palmer, »Assisting wild animals vulnerable to climate change: why ethical strategies diverge«, *Journal of Applied Philosophy,* März 2019.

[22] Clare Palmer, »Conservation strategies in a changing climate – moving beyond an ›animal liberation/environmental ethics‹ divide«, *Les Ateliers de l'éthique / The Ethics Forum* 13, Nr. 1, 2018, S. 17–42.

6
Ist Antispeziesismus mit Religionen vereinbar?

Da er stark durch seine libertären und sozialistischen Ursprünge (vgl. Kapitel 2) geprägt ist, hat der Antispeziesismus zunächst keine engen Verbindungen zu Religionen. Historisch ist zudem zu beobachten, dass die meisten Religionen, insbesondere die monotheistischen, an der Entstehung des Anthropozentrismus beteiligt waren, gegen den sich der Antispeziesismus richtet. Wenn »der Mensch« als Bild Gottes verstanden wird (vgl. zum Beispiel Genesis 1, 26), ist es »normal«, »natürlich«, dass er über die anderen Arten herrscht. Allerdings haben einige Autor:innen mit der zunehmenden Ausweitung der Tierrechtsbewegung Konvergenzen zwischen Elementen der religiösen Kultur und der einfachen Idee des Antispeziesismus aufgezeigt, der zufolge empfindungsfähige Tiere zumindest Gegenstand wohlwollender moralischer Rücksicht sein müssen.

Gewaltlosigkeit in den Religionen Südasiens

Der Hinduismus, der zwischen 1750 und 600 vor unserer Zeitrechnung entstanden ist, führte einen grundlegenden Begriff ein, »Ahimsa«, was wörtlich »Nicht-Verletzen« bedeutet, mit dem die Gläubigen konkret aufgefordert sind, weder Schaden noch Gewalt zu verursachen, sei es durch Taten, Worte oder Zwang. Dieser Begriff findet sich in allen dharmischen Religionen wieder, mit anderen Worten in den großen Religionen des indischen Subkontinents (Hinduismus, Buddhismus, Jainismus und Sikhismus). Eines der Kennzeichen dieser Religionen ist der Glaube an einen Zyklus von Wiedergeburten, von Reinkarnationen, der einer Vorstellung der Seelenwanderung nahesteht, an die Pythagoras glaubte (vgl. Kapitel 1), und die ihm zufolge bedingte, keine Tiere zu töten und sich somit vegetarisch zu ernähren. Im Hinduismus haben Tiere nicht nur eine Seele, sondern können zudem durch Frömmigkeit Erlösung erlangen und sich aus dem Zyklus der Reinkarnationen retten (was nach Meinung der Buddhist:innen und Jains allein Menschen erreichen können). Andererseits scheinen gerade die nicht-vedischen Traditionen, Buddhismus und Jainismus, Tieropfer abgeschafft zu haben.[1]

In den drei indischen Religionen wird der Einzelne mit seinen Taten konfrontiert und kann sich nicht damit rechtfertigen, dass er nicht gewusst habe, dass ein Dritter das Leid verursacht hat, das der Tod eines Tieres darstellt. In Indien ermöglicht der Zustand der kognitiven

---

[1] Artikel »Ahimsa« von Jonathan Dickstein in: Renan Larue, *La Pensée végane,* a. a. O., S. 65–78, hier S. 67.

Dissonanz, der bereits hinsichtlich des Warenfetisches in den westlichen Ländern angesprochen wurde (vgl. Kapitel 4), keine so enorme Entwicklung des Speziesismus, wie wir sie aus unseren Ländern kennen. Wenn ein Tier misshandelt wird, und umso mehr, wenn es getötet wird, kann das eine Vertreter:in des Ahimsa nicht hinnehmen. Im Jainismus ist das einer der strengsten moralischen Imperative. Man sieht übrigens nicht selten Jains, die beim Gehen aus Angst, Insekten zu zertreten, den Boden vor sich mit einem Besen reinigen, und in vielen Städten, etwa Delhi, gründeten sie Vogelkrankenhäuser (das Jain Charity Birds Hospital wurde 1956 gegründet). Außerdem tragen sie keine Kleidung tierischen Ursprungs.

Im indischen Maßstab bilden die Jains nur eine kleine Minderheit von kaum mehr als vier Millionen Menschen (0,4% der Bevölkerung). Eine andere, noch kleinere Gruppe ist erwähnenswert: die Bishnoi. Sie sind ungefähr 600 000 Personen und die Hälfte von ihnen lebt in der Wüste von Rajasthan im Nordwesten Indiens. Seit fünf Jahrhunderten befolgen sie die Lehren ihres Gurus Jambheshwar Bhagavan (1451–1536) und widmen ihr Leben dem Schutz von Natur und Leben in allen Formen, wobei sie 29 Geboten gehorchen (daher auch ihr Name, der 29 bedeutet). Sie werden häufig als erste Umweltschützer:innen der menschlichen Geschichte betrachtet und ihre nicht-anthropozentrische Haltung überrascht viele Außenstehende. Sie sind es sich schuldig, jegliches Tierleid zu vermeiden und gehen so weit, täglich wildlebende Tiere zu tränken und zu füttern. Wenn sie von streunenden Hunden oder Jägern verwundete Gazellen finden (obwohl die Jagd im Land seit 1972 offiziell verboten ist), werden diese Tiere in Krankenstationen versorgt, und nicht selten wird, wenn ein Säugling nach dem Tod seiner Mutter aufgenommen wird, die kleine Waise von einer Bishnoi-Frau gestillt ...[2]

Allerdings verbirgt sich hinter diesem Bild, das Antispeziesist:innen idyllisch erscheinen könnte, eine weniger erfreuliche Realität. Bei den Bishnoi heiraten Mädchen mit zwölf Jahren, die Abtreibung ist im Namen des Schutzes von Leben verboten (auch wenn bei Frauen, die bereits zwei Kinder haben, Sterilisationen üblich sind), und die Männer zögern nicht, sich als »Eingreiftruppe« (Bishnoi Tiger Task Force) aufzustellen, um durch Demonstrationen vor Gerichten darüber zu wachen, dass Jäger bestraft werden. Auch die Jains sind gegen Abtreibungen (die in Indien legal sind) und im Allgemeinen ist auch das Schicksal der sogenannten »heiligen« Kühe nicht besonders zu beneiden.[3] Tiere werden häufig unterjocht und das Land zählt »nur« 30% Vegetarier:innen: Viele Buddhist:innen sind etwa der

---

[2] Siehe »Bishnoi, Tierliebe bis in den Tod«, Dokumentarfilm von Roberto Lugones, Arte/GEO, 11. Mai 2013.

[3] Florence Burgat, *Ahimsa: violence et non-violence envers les animaux en Inde.* Paris: Maison des Sciences de l'Homme, 2014; Julien Bouissou, »En Inde, le cauchemar de la vache errante«, *Le Monde magazine,* 5. April 2019 (online).

Ansicht, dass der Fleischkonsum kein Problem darstellt, wenn das Tier nicht für uns getötet wurde, wenn es sich zum Beispiel um Reste handelt. Zudem besteht immer noch ein Grundspeziesismus: Aus der Perspektive karmischer Entwicklung wird es als besser betrachtet, als Mensch wiedergeboren zu werden ... Wie steht es nun um den Antispeziesismus in der anderen großen Religion, die kurz nach dem Hinduismus entstanden ist: dem Judentum?

Tiere im Judentum

Im Fall der jüdischen Religion findet sich auch ein Begriff, der eine gewisse Achtung des Tierwohls impliziert: *tza'ar baalei chaym,* wörtlich »Leid lebender Kreaturen«. Selbst wenn in der Genesis bestimmt wird, dass die Menschen »sollen walten über die Fische des Meeres, über die Vögel des Himmels, über das Vieh, über die ganze Erde und über alle Kriechtiere, die auf der Erde kriechen« (Genesis 1, 26), kommt gleich danach die folgende Passage, die seltsam erscheinen mag:

> Dann sprach Gott: Siehe, ich gebe euch alles Gewächs, das Samen bildet auf der ganzen Erde, und alle Bäume, die Früchte tragen mit Samen darin. Euch sollen sie zur Nahrung dienen. (1, 29)

Einige jüdische Gemeinschaften sehen in diesen göttlichen Worten das Gebot, sich ausschließlich von Pflanzen zu ernähren. So machen es die Schwarzen Hebräer von Jerusalem (Black Hebrew Israelites of Jerusalem), die sich im Wesentlichen in einem Viertel von Dimona in Israel konzentrieren. Ihre Gemeinschaft wurde von Ben Carter (1939–2014) gegründet, einem afroamerikanischen Metallarbeiter, der in den Vereinigten Staaten den Black Hebrew Israelites angehörte, die sich als Nachkommen eines der zwölf Stämme Israels betrachten, dem des Juda. Carter erklärte, dass ihm 1966 der Erzengel Gabriel erschienen sei und ihm gesagt habe, dass es nach vierhundert Jahren im »Land der großen Gefangenschaft« (wie die Gemeinschaft die Vereinigten Staaten nennt) an der Zeit sei, sich mit einer Gruppe von Gläubigen in Liberia niederzulassen, dem Land, das seit seiner Gründung 1822 als Land der befreiten Sklaven betrachtet wird. Als sich eine Ziege, die für das jüdische Osterfest vorgesehen war, in der Nacht strangulierte, meinte Carter, es handle sich um ein Zeichen Gottes, dass sich seine Gemeinschaft im »Heiligen Land« niederlassen und sich eine streng vegane Ernährung zu eigen machen müsse. So kam im Jahr 1970 eine Gemeinschaft von etwa einhundert Menschen nach Israel. Heute sind es etwas mehr als 3 000, und sie spielen eine wichtige Rolle in der Förderung des Veganismus im Land (Produktkette, Restaurants). Wie bei den Bishnoi wird auch ihr Lebensstil Antispeziesist:innen nicht vollkommen begeistern, da Verhütung verboten ist, in der Schule nur die kleinen – verschleierten – Mädchen kochen lernen und Polygamie noch weit verbreitet ist.[4]

Was das eingangs erwähnte Prinzip des »Leids lebender Kreaturen« betrifft, so steht es im Zusammenhang mit einer talmudischen Interpretation eines Verses aus dem Buch Exodus: »Wenn du siehst, dass der Esel deines Feindes unter seiner Last zusammenbricht, dann lasse ihn nicht im Stich, sondern leiste ihm Hilfe« (23,5). Einige gläubige Juden leiten daraus Regeln für die Schlachtung ab – und rechtfertigen damit die rituelle Schlachtung – oder eine Einschränkung von Tierversuchen für die Forschung. Dieses Prinzip liegt der Ablehnung der industriellen Tierzucht und Schlachtung durch Rabbiner zugrunde: Derart produziertes Fleisch sei nicht koscher. Allerdings ist dieser Standpunkt weit davon entfernt, mehrheitsfähig zu sein, und Rituale wie das *Kapparot*, bei dem die Gläubigen am Vorabend des Jom Kippur Hühner über ihren Köpfen schwenken und anschließend opfern, um ihre Sünden zu sühnen, werden in vielen jüdischen Religionsgemeinschaften weiterhin praktiziert.

Im Fall der Jüdinnen und Juden ist es unabdingbar, zwischen dem Judentum als Religion und der jüdischen

---

[4] Jérôme Segal, »Voyage en terre végane, au cœur du Néguev«, *Regards,* 20. Januar 2019; Jérôme Segal, *Animal radical,* a. a. O., S. 93–98.

Identität zu unterscheiden. Diese Identität geht weit über die jüdische Religion hinaus.[5] Sehr viele Jüdinnen und Juden definieren sich als solche nicht aufgrund ihrer Religion – da sie häufig Atheist:innen oder Agnostiker:innen sind –, sondern aus einer tiefempfundenen Solidarität mit allen Verfolgten. Peter Singer, einer der ersten Autoren des Antispeziesismus, verzichtete etwa aus Solidarität mit den Palästinenser:innen öffentlich auf sein »Rückkehrrecht«, da er meinte, dass dieses Recht »eine Form von rassistischem Privileg« sei, »das die koloniale Unterdrückung der Palästinenser:innen bestätigt«.[6] Die zweitausendjährige Verfolgungserfahrung der Jüdinnen und Juden macht diese Neigung zur Solidarität verständlich und erklärt deren beeindruckende Überrepräsentation in sozialen Bewegungen ebenso wie die Fülle von revolutionären Idealen.[7] Dies entspricht übrigens auch einem Kernstück der jüdischen Philosophie und Litera-

[5] Im Französischen unterscheidet man zwischen »le Juif«, dem großgeschriebenen Juden, als Individuum, das Teil des »jüdischen Volkes« ist, auch wenn dieses eine Idee oder ein Konstrukt ist und je nach Konvertierungen und Entwicklung des Zugehörigkeitsgefühls konstruiert wurde, und »le juif« (kleingeschrieben), der nur ein Anhänger der jüdischen Religion ist. Siehe hierzu Shlomo Sand, *Comment le peuple juif fut inventé*. Paris: Fayard, 2008; und in Bezug auf den Reichtum der atheistischen jüdischen Identität vgl. Jérôme Segal, *Judentum über die jüdische Religion hinaus*, Wien: Konturen, 2017.

[6] Dan Goldberg, »Peter Singer: menace or moral hero?«, *The Jerusalem Post,* 1. Juli 2012.

[7] Jérôme Segal, *Judentum über die Religion hinaus,* a. a. O., Kapitel 5.

tur, *Tikun Olam,* das im Allgemeinen als »Reparatur der Welt« übersetzt wird. Zweifellos ist diese antispeziesistische Solidarität auch eine bessere Erklärung dafür, dass Israel heute, gemessen an seiner Bevölkerung, das bedeutendste vegane Land der Welt ist, als die akrobatischen Interpretationen, die uns einreden wollen, dass die Torah ernsthafte Argumente für Tierrechte bietet.

Beispielsweise war Henry Spira, wie bereits erwähnt (vgl. Kapitel 4) einer der ersten großen Aktivisten der Tierrechtsbewegung in den Vereinigten Staaten, der Enkel eines Rabbiners, und vertrat die Ansicht, es sei unmöglich, nach Auschwitz an Gott zu glauben. Er erwähnte seine jüdische Identität immer, um sein Engagement und sein unbezwingbares Bedürfnis zu erklären, den Verfolgten zur Seite zu stehen: »Die Befreiung der Tiere war die logische Erweiterung all dessen, was mein Leben ausmachte – eine Identifizierung mit den Machtlosen und Vulnerablen, den beherrschten und unterdrückten Opfern.«[8]

Peter Singer erklärt, dass er wiederum das Bedürfnis verspürt habe, sich als Jude für die Tierrechte einzusetzen:

---

[8] Zitiert nach Christophe Traïni, *La Cause animale. Essai de sociologie historique (1820–1980).* Paris: PUF, 2011, S. 214. Spira war zunächst trotzkistischer Aktivist und engagierte sich auch in der Gewerkschaftsbewegung, der Bürgerrechtsbewegung, verurteilte die Politik der McCarthy-Ära und das Vorgehen des FBI und lehrte englische Literatur in den schwarzen Ghettos von New York … bevor er sich in die Tierrechtsbewegung einbrachte.

> Mein Standpunkt und meine Geisteshaltung wurden sicherlich von der Tatsache bestimmt, dass ich Jude bin, aber nicht bewusst. In der Tierbefreiungsbewegung habe ich viele Menschen mit jüdischen Wurzeln kennengelernt. Ich weiß nicht wirklich warum. Ich meine, es gibt negative Gründe: Ich glaube, dass Leute in einem spezifisch katholischen Zusammenhang denken, dass Tiere weniger wert sind und nicht wirklich zählen, weil sie keine Seele haben und nicht im Bild Gottes erschaffen sind. [...] Ich glaube nicht, dass man einen jüdischen Denker finden kann, der in Bezug auf Tiere so unzugänglich ist wie Thomas von Aquin. Andererseits spricht die Torah ein bisschen vom Leid der Tiere, es gibt zu diesem Thema mehrere Vorschriften, wie etwa die, die Ochsen am Samstag rasten zu lassen, während im Neuen Testament überhaupt nichts über Tiere steht.[9]

Wie steht es nun wirklich um die christlichen Religionen?

Das Gewicht des Christentums

Im Christentum gibt es keine strikten Verbote in Bezug auf die Ernährung, und zum Teil trennt es genau das vom Judentum. Es gibt nur Zeiten, zu denen das eine

---

[9] Interview mit Peter Singer in Wien, 19. Juni 2016.

oder andere Nahrungsmittel empfohlen oder verboten ist: Fisch, der mit Christus assoziiert wird, wird am Freitag angeraten, da dieser ein »fleischloser« Tag ist, und die Fastenzeit, die heute wenig eingehalten wird, bringt einige Entbehrungen. Historisch wurden diese Entbehrungen wie eine Buße erlebt: Auf dem Konzil von Braga im Jahr 561 wurde der Verzicht auf Fleisch als »Mittel zur Unterstützung der Selbstkontrolle, insbesondere der Unterdrückung des sexuellen Begehrens« betrachtet, da »Fleisch ein ›erregendes‹ Lebensmittel war, das ›die Sinnlichkeit anregt‹«.[10] Heute ist die einfache Idee, den Freitag und Samstag »karg zu machen«, der überwiegenden Mehrheit der Christinnen und Christen fremd, und die Tradition des Osterlamms zum Beispiel wird weithin befolgt. Sie hat ihren Ursprung im Johannes-Evangelium, das Jesus als »Lamm Gottes, das die Sünde der Welt hinwegnimmt« beschreibt.

Wenn sich selten genug christliche Gemeinschaften für den Fleischverzicht entschieden haben, dann gegen die Kirchenmacht. So schreibt Olivier Bauer Folgendes:

> Man findet vegetarisch, sogar vegan lebende christliche Gemeinden in Aquitanien und Mailand, an Mosel und Maas, […] an den Rheinufern, wo die »Rheinischen Ketzer« weder Fleisch noch Eier oder Milchprodukte essen;

---

[10] Beitrag »Christianisme« von Olivier Bauer in: Renan Larue, *La Pensée végane,* a. a. O., S. 181–190, hier S. 186.

> es sind die Bogomilen (10. Jahrhundert) oder die Waldenser (die 1184 exkommuniziert wurden). Wer sich zum Katharer (12.–14. Jahrhundert) bekehrt, verspricht, weder Fleisch [...] noch Milchprodukte oder Eier zu essen, und die Perfecti gingen in ihrer Ehrfurcht vor dem Leben noch weiter und weigerten sich trotz der Gefahr, an Entkräftung zu sterben, sogar, Gemüse zu essen.[11]

Mehr noch als andere Religionen scheint das Christentum tödliche Obsessionen hervorzubringen, und der Antispeziesismus scheint nur schwer mit dem Christentum vereinbar zu sein, auch wenn einer der katholischen »Heiligen«, Franz von Assisi (1181–1226) angeblich regelmäßig mit Tieren gesprochen hat und noch heute in seinem Namen Pferdeweihen durchgeführt werden.[12]

Erweiterung von Gnade und Barmherzigkeit des Islam?

Im Islam wird zwischen vier Arten von Wesen unterschieden: Menschen, Tiere, Engel und Dschinns (die sich

---

[11] Ebenda, S. 184. Weitere Details zum Christentum siehe den Beitrag von Olivier Bauer in Renan Larue, *Le Vegétarisme et ses ennemis,* a. a. O., S. 181–190.

[12] Für ein vermeintlich laizistisches Land überraschend ließ die berittene Polizei von Lille vor dem Fußball-Europacup 2016 am Tag des Festes des Hl. Franz von Assisi ihre Pferde segnen.

auch in Tiere verwandeln können). Alle diese Wesen besitzen eine Seele und gehorchen Gott, doch wie in den anderen abrahamitischen Religionen ist die menschliche Sonderstellung unumstritten, selbst wenn bestimmte Suren des Koran oder Hadiths (mündliche Mitteilungen des Propheten) Anlass für mehr oder weniger überzeugende Interpretationen zugunsten des Tierwohls oder sogar möglicher Rechte sein können, die den Tieren zugestanden werden.[13]

Moslems, die zu antispeziesistischen Überlegungen neigen, berufen sich auf den Begriff des »Rahma«, der die Vorstellungen von Wohlwollen, Gnade und Barmherzigkeit umfasst. Zudem bewegt die Unterscheidung zwischen *halal* (»Erlaubtes«) und *tayyib* (»Gesundes«) gewisse religiöse Repräsentant:innen dazu, jegliches Fleisch aus industrieller Tierzucht abzulehnen, in der den Tieren »unnötiges« Leid verursacht wird.[14] Dennoch sind Vegetarier:innen in der islamischen Welt heutzutage im Allgemeinen schlecht angesehen (ebenso wie im Mittelalter in der christlichen Welt).

Émilie Dardenne zufolge implizierten präislamische Glaubensformen eine relative Milde gegenüber Tieren, und aufgrund dieser Prämisse könnte der Fleischkonsum als »Gegenleistung für die Mühe« wahrgenommen wer-

---

[13] Omero Marongiu-Perria, *L'Islam et les animaux*. Atlande, 2021.
[14] Ghazala Anwar, »Rahma (précepte de l'islam)«, in Renan Larue, *Le Végétarisme et ses ennemis*, a. a. O., S. 463–477, hier S. 468.

den, zu der sich »der Mensch für die Tierzucht bereitfindet«, eine Position, die heute die ehemalige Züchterin Jocelyne Porcher einnimmt, der zufolge Nutztiere mit dem Züchter einen Pakt abschließen (Unterbringung, Nahrung und Grundversorgung gegen das Geschenk ihres Körpers oder ihrer Milch). Émilie Dardenne merkt allerdings an:

> Je mehr die Moderne und das sesshafte Leben den Umgang mit Tieren in den Alltagsbeziehungen in den Hintergrund drängte, desto mehr traten die Tiere in der Ordnungsvision der islamischen Welt zurück,

und nur wenige Moslems gelangen ausgehend von den heiligen Texten ihrer Religion zu antispeziesistischen Positionen.[15]

Dieser Schluss gilt für alle monotheistischen Religionen, die hier kurz angesprochen wurden, denn auch wenn manche Jüdinnen und Juden unter Affirmation ihrer jüdischen Identität zu Antispeziesist:innen wurden, dann eben in Ablehnung der religiösen Dimension dieser multiplen Identität. Wäre also der Veganismus eine stichhaltigere Erklärung für die Befürwortung des Antispeziesismus?

---

[15] Émilie Dardenne, *Introduction aux études animales*. Paris: PUF, 2020, S. 84.

7
Ist der Antispeziesismus auf Veganismus zu reduzieren?

Veganismus und Antispeziesismus werden weithin verwechselt, worauf bereits im ersten Kapitel dieses Buchs hingewiesen wurde (vgl. Abschnitt »Antispeziesismus ist keine Ernährungsweise«). In den meisten Medien geht es nur um Veganer:innen und selten um Antispeziesist:innen. Verbreitet ist die Meinung, dass der Veganismus eine persönliche Entscheidung ist, und im Namen der Toleranz wird gefordert, dass die Toleranz gegenseitig sein sollte, dass also Menschen, die auf Fleisch und andere tierische Produkte verzichten, akzeptieren müssten, dass andere diese essen, und Veganer:innen daher bitte auf jede Art von Bekehrungseifer verzichten sollten. Lässt man jedoch die wenigen Veganer:innen beiseite, die sich aus gesundheitlichen oder modischen Gründen (zum Beispiel in Nachahmung von Sportler:innen oder »Influencer:innen« auf sozialen Medien) eine pflanzliche Ernährungsweise zu eigen machen, so sind Veganer:innen sehr häufig Antispeziesist:innen.

Der Antispeziesismus ist eine politische und philosophische Idee. Die Bewegung beruht sogar, wie wir sehen werden, auf einem Gesellschaftsentwurf. Ihn auf den

Veganismus zu reduzieren, hieße zunächst, ihn als eine Konsummode zu karikieren.

Schluss mit den eigenverantwortlichen Konsument:innen

Der Veganismus beruht vor allem auf einem Boykott, und um etwas boykottieren zu können, muss man bereits konsumieren. Historisch effiziente Boykotte – etwa jener des Busunternehmens von Montgomery in den Vereinigten Staaten 1955/56 im Rahmen der Bürgerrechtsbewegung, oder auch der Outspan-Orangen im Kampf gegen die Apartheid in Südafrika in den 1970er und 1980er Jahren – waren zunächst deshalb erfolgreich, weil die für diese Maßnahmen relevanten politischen Bewegungen eine gewisse kritische Masse erreicht hatten. Aber da Veganer:innen weniger als 1% der Bevölkerung ausmachen, ist ihr Boykott zum Scheitern verurteilt, umso mehr, als die Unternehmen, die Fleisch vermarkten, alternative Produkte wie pflanzliche Steaks und anderen Ersatz für Fleisch- oder Milchprodukte entwickeln konnten (vgl. Kapitel 4, letzter Abschnitt). Zusätzlich wächst der Markt dieser veganen Produkte rascher und die Gewinnmargen sind sehr hoch. Die großen Unternehmensgruppen haben das verstanden und sind fähig, vegane Ersatzprodukte unter anderen Markennamen zu produzieren, so dass Veganer:innen, die diese

Substitute kaufen und glauben, damit ein fleischproduzierendes Unternehmen zu boykottieren, letztlich nur die Gruppe stärken, die dieses Unternehmen kontrolliert.

Den Antispeziesismus auf die für den Veganismus typischen Kaufentscheidungen zu reduzieren, läuft außerdem häufig darauf hinaus, Konsument:innen moralische Freifahrtscheine zuzugestehen. Ein Kunde kauft statt Kuhmilch eine Pflanzenmilch und fühlt sich aufgrund dieser »Bemühung« dann berechtigt, andere Produkte tierischen Ursprungs zu kaufen. Dieser moralische Freifahrtschein geht über den Rahmen des Veganismus hinaus. Mit dem Kauf von einem Karton »Bio«-Eier am Markt, von Hühnern, die in Freilandhaltung von einem »Kleinbauern im nächsten Dorf« gezüchtet werden, verschließen Konsument:innen die Augen vor der Tatsache, dass die Eier, die man in Gebäck, Konditoreien, im Restaurant, der Kantine oder in Keksen konsumiert, weit davon entfernt sind, denselben Kriterien zu entsprechen (und übrigens die Hälfte der landesweit konsumierten Eier ausmachen).

Gelegentlich verbindet sich der Veganismus sowohl mit einem Konsumismus, der Bürger:innen auf Konsument:innen reduziert, als auch mit einer Suche nach absoluter Reinheit, die stark an eine Nabelschau erinnert. Manche Veganer:innen weigern sich, in Geschäften einzukaufen, die tierische Produkte anbieten, trinken natürlich nur veganen Wein oder veganes Bier,[1] und essen sogar veganes, also ohne tierischen Dünger (Jauche, getrocknetes Blut, gemahlenes Horn ...) angebautes Gemüse. Bereits 1993, als der Antispeziesismus in Frankreich gerade erst aufgetaucht war, legte Françoise Blanchon Wert darauf, mit einer gewagten historischen Parallele vor dieser Suche nach Reinheit zu warnen:

> Hätten diejenigen, die im Amerika des 19. Jahrhunderts gegen die Sklaverei kämpften, »rein« oder »so rein wie möglich« sein wollen, hätten sie auf den Großteil ihrer Kleidung aus Baumwolle verzichten müssen. Sie hätten möglichst wenig reisen dürfen, um keine mit Sklavenarbeit gebauten Straßen zu benutzen. Es scheint indessen klar, dass sie damit im Recht waren, so zu kämpfen, anstatt sich in einem lähmenden Reinheitswahn einzuschließen.[2]

Antispeziesist:innen betonen häufig die Tatsache, dass ihre Bewegung sich gemäß einer politischen, sogar philosophischen Vorgehensweise in einem Anspruch auf Gerechtigkeit ausdrücken muss und nicht einem schlichten Appell an die Tugend. Pierre Sigler hat diesen wesentli-

---

[1] Gewöhnlich werden im Schritt der Schönung, bei dem Verunreinigungen entfernt werden, Eiweiß oder Proteine aus den Schwimmblasen von Fischen verwendet. Auch wenn diese Stoffe im Endprodukt nicht mehr vorhanden sind, ist der Herstellungsprozess nicht vegan.

[2] Françoise Blanchon, »Au sujet de la ›pureté‹«, *Les Cahiers antispécistes* 7, 1993.

chen Unterschied am Beispiel des Kampfes gegen die Armut sehr gut veranschaulicht. Der Anspruch auf Gerechtigkeit verlangt die Errichtung eines Wohlfahrtsstaates oder auch einer stärker auf Umverteilung ausgerichteten Steuerpolitik, während der Appell an die Tugend die Gemeindemitglieder auffordert, den Bettler:innen nach der Messe eine Münze hinzulegen, oder auch die Stadtverwaltungen, Suppenküchen zu eröffnen. Ohne es so stark zu überzeichnen, erklärt sich doch der riesige Absatz von Büchern zur »Persönlichkeitsentwicklung« mit dem Erfolg dieses auf die Tugend von moralischen Akteur:innen ausgerichteten Ansatzes zu Ungunsten des politischen Engagements.

Pierre Sigler präzisiert zudem, dass der Appell an die Tugend dazu führt, die Bedeutung des Veganismus herunterzuspielen, der damit letztlich nur als persönliche Entscheidung erscheint:

> Definitionsgemäß formuliert die Forderung nach Gerechtigkeit Verpflichtungen (»Genitalverstümmelung muss verboten werden«, »die Diskriminierung von Ausländern muss gestoppt werden«). Während im Allgemeinen die Handlungen, zu denen der Appell an die Tugend anregt, freiwillig sind, also über unsere moralischen Verpflichtungen hinausgehen. Einer wohltätigen Einrichtung zu spenden, wird als gute Sache betrachtet, nicht aber als moralische Verpflichtung. Produkte aus biologischer Landwirtschaft oder Fair-Trade-Produkte zu kaufen, wird als moralisch gut betrachtet, aber der Kauf von Pro-

> dukten aus konventioneller Landwirtschaft oder konventionellem Handel wird nicht als unmoralisch wahrgenommen.[3]

Und der Autor schließt seinen Artikel folgendermaßen:

> Noch maßgeblicher ist, dass in der Geschichte noch nie ein moralisches Problem allein durch den Appell an die Tugend gelöst wurde. Fortschritte wurden durch politischen Aktivismus auf kollektiver Ebene erzielt, der Forderungen nach Gerechtigkeit formulierte, und es besteht keinerlei Grund, hinsichtlich nichtmenschlicher Tiere anders vorzugehen.

Somit fordert der Antispeziesismus, die Vorstellung aufzugeben, dass eigenverantwortliche Konsument:innen die Welt verändern könnten. In diesem Sinne stimmt er mit dem Umweltschutz überein, der die Kolibri-Theorie eines Pierre Rabhi ablehnt, der – ein weiteres Beispiel für den Appell an die Tugend – verlangt, dass jeder Einzelne als Konsument:in seinen kleinen Teil für »den Planeten« tun soll, wie die Tausenden Kolibris, die ein Feuer löschen, indem jeder einige Tropfen Wasser holt.[4] Diese Einstel-

---

[3] Pierre Sigler, »De l'appel à la vertu à l'exigence de justice pour les animaux«, in: Pierre Sigler und Yves Bonnardel, *L'Exploitation animale est une question de société.* 2013 (Online-Broschüre).

[4] Ausführlicher zu dieser Bewegung siehe Jean-Baptiste Malet, »Pierre, der Genügsame«, *Le Monde diplomatique,* August 2018, S. 22–23.

lung findet sich nur zu leicht mit eben der Politik ab, die für die ökologische Katastrophe verantwortlich ist.

Berücksichtigung von Lebensmittelwüsten

Der Anstoß, sich vegetarisch zu ernähren, und noch mehr, vegan zu »werden«, gerät je nach Ausprägung zum Bekehrungsappell. Antispeziesistische Aktivist:innen ziehen es vor, sich auf andere, politischere Aktionsformen zu konzentrieren, um nicht wie Zeugen Jehovas zu erscheinen. Die Werbung für den Veganismus tendiert dazu, die Milieus zu ignorieren, in denen diejenigen leben, an die sich die Veganer:innen wenden. In den Vereinigten Staaten zum Beispiel haben Millionen Bürger:innen schlicht keinen Zugang zu Geschäften, in denen sie genügend frisches Obst und Gemüse finden könnten. Ohne Auto und mit wenig effizienten öffentlichen Verkehrsmitteln sind sie darauf beschränkt, in kleinen Supermärkten oder sogar Tankstellen einzukaufen, wenn sie nicht notgedrungen Fast Food essen müssen. In diesen Fällen kann man von regelrechten »Lebensmittelwüsten« sprechen, aber genau betrachtet, ist das Problem der Zugänglichkeit noch viel größer.

Angestellte, die keine andere Wahl haben als die Kantine ihres Unternehmens, können sich nicht der pflanzlichen Ernährung zuwenden, und auch hier kann die Lösung nur politisch sein. Im Januar 2019 lancierten in Frankreich 500 Prominente mit dem Argument von »zwingenden Gründen, unseren Konsum von Tierfleisch kollektiv zu verringern«,[5] einen Aufruf zu vegetarischen »grünen Montagen« in kollektiven Gastronomiebetrieben, aber auch in den Haushalten. Im selben Geist wurde Ende 2020 ein Gesetz verabschiedet, das alle Schulkantinen – vom Kindergarten bis zum Gymnasium – verpflichtet, pro Woche mindestens ein vegetarisches Menü anzubieten. Diese Maßnahmen, die von Antispeziesist:innen unterstützt wurden, sind Teil des sogenannten »pragmatischen Veganismus«.[6]

Überwindung des Gegensatzes zwischen »go vegan« und »Käfighaltung beenden«

Im Antispeziesismus werden diese Maßnahmen heftig diskutiert. Die Radikaleren – im etymologischen Sinne des Wortes, jene, die ein Problem an der Wurzel (*radix:* Wurzel) packen – meinen, es sei inakzeptabel, einen fleischlosen Montag zu befürworten. Sie sind der Meinung, dass man »die Käfighaltung beenden«, die Tiere

---

[5] »L'Appel des 500 pour un ›lundi vert‹«, *Le Monde,* 3. Januar 2019 (der Appel führt drei Gründe für die Verringerung des Konsums von Tieren an: für den Planeten, die Gesundheit und die Tiere).
[6] Tobias Leenaert, *How to Create a Vegan World: A Pragmatic Approach.* New York: Lantern, 2017.

befreien müsse, hier und jetzt, da doch jeden Tag allein in Frankreich drei Millionen Landtiere getötet werden. Während dieser Aufruf zu einem »grünen Montag« den Fleischkonsum verurteilt, ist er ihnen zufolge nicht mehr wert als eine Kampagne gegen Vergewaltigung, die zu einem »vergewaltigungsfreien Montag« aufrufen würde. Bloß vernachlässigt das die gesamte Frage nach der Akzeptanz in der Gesellschaft: Vergewaltigung wird glücklicherweise in der Gesellschaft weithin verurteilt, während den Fleischkonsum nur knapp ein Prozent der Bevölkerung ablehnt.

Deshalb kann ein Anstoß zum Veganismus oder auch nur zur teilweisen (montäglichen) vegetarischen Ernährung gerechtfertigt sein, denn, um eine von Antonio Gramsci vorgenommene wesentliche Unterscheidung aufzugreifen, es geht um einen Kampf um kulturelle Hegemonie. Manche Sportler:innen zum Beispiel werben mit dem Slogan »Go Vegan« auf ihrem T-Shirt für den Veganismus und zeigen so, dass es mit pflanzlicher Ernährung durchaus möglich ist, sogar auf hohem Niveau Sport zu treiben.[7] In diesem Kampf darum, den Veganismus bekannt zu machen und ihm Akzeptanz zu verschaffen, findet man auch Antispeziesist:innen, die die

---

[7] Der Film *The Game Changers* von Louie Psihoyos, der zeigt, dass eine pflanzliche Ernährung sogar positive Auswirkungen auf die sportliche Leistung hat, hatte 2019/2020 aufsehenerregenden Erfolg. Vgl. Jérôme Segal, »Changer le jeu pour changer le monde?«, *L'Amorce,* 26. Januar 2020 (online).

Gastronomie nutzen, um den ganzen Reichtum der Pflanzengastronomie zu präsentieren. Und es funktioniert! Zum ersten Mal in der Geschichte der großen Gastronomieführer erhielt im Januar 2021 das Restaurant ONA (für *origine non animale,* nicht-tierischer Herkunft) in der Gironde einen Stern in einem der renommierten Führer.

Sei es über den Sport oder über die Gastronomie, die Werbung für den Veganismus kann zu Verhaltensänderungen führen, die eine Änderung der Meinung nach sich ziehen können (wenn auch das Umgekehrte logischer erscheint: eine Meinungsänderung, die zu einer Verhaltensänderung führt). Manche Menschen leben zuerst vegan, zum Beispiel aus gesundheitlichen Gründen, und beginnen dann, sich für Tierrechte zu interessieren und werden zu Antispeziesist:innen.

Deshalb muss der Gegensatz zwischen den Parolen »Go Vegan« und »Käfighaltung beenden« überwunden werden, ebenso wie zwischen den Ansätzen, die auf Welfarismus (aus dem englischen *welfare,* »Wohlbefinden«) oder Abolitionismus beruhen. Der erste Ansatz besteht darin, für schrittweise Verbesserungen der Lebensbedingungen und bei der Tötung von Tieren zu kämpfen oder auch Tierversuche einzuschränken, zu ersetzen oder zu verfeinern (zu optimieren), um ihre Anzahl zu reduzieren, während der zweite Ansatz, der sich radikalere Ziele setzt, eine möglichst rasche Abschaffung der Tierzucht und anderer Misshandlungen von Tieren fordert. Es zeigt sich, dass der Welfarismus als Weg hin zum Abolitionismus betrachtet werden kann, und er ist die Strategie der bekanntesten Tierschutzorganisation in Frankreich, L214.

Der Quebecer Philosoph Normand Baillargeon merkte 2001 richtig an, dass die antispeziesistische Bewegung nicht einhellig für diese Überwindung eintritt. Im Schlusswort zu seinem Buch *L'Ordre moins le pouvoir* (*Ordnung ohne Macht*) begrüßt er, dass die »libertäre Inspiration« in den »Bewegungen zur Verteidigung der Tiere« fortlebt, beobachtet allerdings bei manchen Aktivist:innen »einen Purismus der Ablehnung jedes Reformismus ebenso wie jedes Kampfs für unmittelbare Ziele, selbst wenn diese mit den breiteren und längerfristigen Absichten des Anarchismus kompatibel sind«.[8]

Das Interesse eines Anarchisten für die antispeziesistische Bewegung lässt vermuten, dass diese Bewegung, so jung sie auch ist, noch fruchtbare Konvergenzen erleben könnte.

---

[8] Normand Baillargeon, *L'Ordre moins le pouvoir. Histoire et actualité de l'anarchisme*. Montréal: Lux, 2004; Agone, 2008, S. 187f.

8
Trägt der Antispeziesismus zu einer Konvergenz der Kämpfe bei?

Feminismus und Antirassismus waren bereits an der Entstehung des Antispeziesismus beteiligt (vgl. Vorwort), insofern ist es keine Überraschung, dass die Frage der Konvergenz der Kämpfe sich in dieser Bewegung mit besonderer Intensität stellt. Die Tatsache, dass die Menschen als Tiere unter anderen betrachtet werden, gibt Aktivist:innen anderer Bewegungen viel Spielraum, sich in einem Antispeziesismus wiederzuerkennen, der gegen jede Form der Diskriminierung kämpft.

Dieser streitbare Antispeziesismus, der dazu berufen ist, eine Einigung herbeizuführen, wird von einer Strömung vertreten, die in den 2000er Jahren in den Vereinigten Staaten entstanden ist, den »Critical Animal Studies«. Im Unterschied zu Tierversuchen in der Arbeit von Biolog:innen oder Verhaltensforscher:innen, die Tiere betreffen, sind die Critical Animal Studies, die aus einem politischen Umfeld hervorgegangen sind, das dem Anarchismus nahesteht, höchst politisch, denn sie richten einen kritischen Blick auf die speziesistische Gesellschaft. In der ersten Nummer des *Journal for Critical*

Animal Studies aus dem Jahr 2007 finden sich folgende zehn Prinzipien:

1. Interdisziplinarität: Förderung der Zusammenarbeit von Wissenschaftler:innen aus unterschiedlichen Disziplinen, um einen vertieften und vollständigeren Einblick in die Beziehungen zwischen Mensch und Tier zu erhalten.
2. Subjektivität: Hinterfragung der Vorstellung, dass die akademische Analyse völlig objektiv und frei von normativen Werten und politischen Engagements sein könne.
3. Zugang von der Theorie zur Praxis: Theorie als Ausgangspunkt für politische Aktion und soziales Engagement.
4. Intersektionalität: Schaffung von Bewusstsein für die gemeinsamen Wurzeln einer Vielzahl von Unterdrückungsformen, etwa Speziesismus, Sexismus, Rassismus und andere auf Gewalt basierende Ideologien, die als Elemente globaler Herrschaftssysteme betrachtet werden.
5. Antihierarchischer Ansatz: Einnehmen einer antikapitalistischen Position, die auf die Demokratisierung und Dezentralisierung der Gesellschaft abzielt.
6. Solidarität: Keine ausschließliche Konzentration auf Tierfragen, sondern vielmehr Streben nach Allianzen mit anderen sozialen Bewegungen,

die sich dem Kampf gegen Unterdrückung widmen.

7. Totale Befreiung: Betonung der Notwendigkeit, die Menschen, die Nicht-Menschen und die Erde zu befreien, wobei dies als gemeinsamer Kampf wahrgenommen wird.
8. Dekonstruktion von binären Gegensätzen: Unterhöhlen von gesellschaftlich konstruierten Gegensätzen wie etwa Mensch-Tier und Natur-Kultur.
9. Radikale Politik: Befürwortung aller Taktiken der Förderung von Veränderung, die in Bewegungen für soziale Gerechtigkeit angewandt werden, etwa wirtschaftliche Sabotage und Direkte Aktion.
10. Kritischer Dialog: Anregen eines konstruktiven Dialogs zwischen unterschiedlichen akademischen Gruppierungen, Aktivist:innen und Einzelpersonen aus dem öffentlichen oder privaten Sektor.

Vielen Aktivist:innen aus anderen Kämpfen mag es überraschend erscheinen, dass das neunte Prinzip die Direkte Aktion erwähnt …

Die Rückkehr der Direkten Aktion

In Frankreich denkt man bei »Direkter Aktion« häufig an den Namen der gleichnamigen bewaffneten Gruppe (1979–1987) oder an die Schrift von Émile Pouget. Der Begriff taucht zu Anfang des zwanzigsten Jahrhunderts auch in den Vereinigten Staaten auf, und zwar bei Anarchistinnen wie Voltairine de Cleyre (1866–1912) oder Emma Goldman (1869–1940). Es gilt, für eine Sache mit direkten Mitteln zu kämpfen und den Einsatz der Medien, die den Intellektuellen so lieb sind, die gerne zur Feder greifen, ebenso aufzugeben wie öffentliche Demonstrationszüge oder die Interventionen von Abgeordneten und anderen Repräsentant:innen. Direkte Aktionen sind nicht unbedingt gewaltsam oder illegal, sondern sind das Ergebnis einer Priorisierung der Legitimität des Kampfes vor rechtlichen Fragen.

Die Aktivist:innen der Tierrechtsbewegung praktizieren die Direkte Aktion seit dem Ende des neunzehnten Jahrhunderts. Anfangs, mit Marie Huot und ihrer Ligue populaire contre l'abus de la vivisection (vgl. Kapitel 2) konnte sie darin bestehen, Vivisektionen zu behindern oder Stierkämpfe zu stören, damit sie abgebrochen würden. Heute sind es vor allem antispeziesistische Aktivist:innen, die sich zur Direkten Aktion bekennen, die daraus bestehen kann, vor Fleischereien Kunstblut auszuschütten, die Auslagen von Geschäften mit Tierprodukten zu beschädigen, ein Schiff daran zu hindern,

Robben zu jagen oder auch Zuchttiere zu »befreien«, um sie in Schutzräumen zu verstecken (eine »Befreiung«, die für Züchter:innen Diebstahl ist).

Die Umweltschutzbewegung Extinction Rebellion, die 2018 in Großbritannien entstand, steht in diesem Zusammenhang und knüpft auch an Theorien des zivilen Ungehorsams an. Es überrascht nicht, dass man dort eine Gruppe antrifft, die sich Animal Rebellion nennt und sich auf Antispeziesismus konzentriert, wobei sie zum Beispiel in London die Besetzung eines Fleischgroßmarkts organisiert hat. In Frankreich beteiligt sich Tiphaine Lagarde vom Kollektiv 269 Libération animale an Überlegungen, die die Direkte Aktion erneut ins Zentrum politischer Kämpfe stellen. Kritisch gegenüber Individualismus und Konsumismus, die die Tierschutzbewegung unterwandern, bedauert sie, dass der Schwerpunkt durch den Veganismus eher auf dem Bewusstsein als auf der konkreten Tat liegt. Sie erklärt:

> Die Direkte Aktion erscheint mir aufgrund ihrer Radikalität und ihrer Implikationen für das Engagement notwendig, um eine Bewegung (erneut) zu politisieren, die sich gefährlich von ihren Grundlagen entfernt. [...] Die Direkte Aktion ist der Zündstoff. Durch die Krisensituation, die sie hervorbringen kann, durch ihr subversives Potential mobilisiert sie die öffentliche Meinung dauer-

haft und tiefgreifend zur Tierfrage – und ohne dass dafür Tausende Menschen auf die Straße gehen müssen.[1]

Die hier angesprochene »Krisensituation« ist nicht mit Gewalt gleichzusetzen, auch wenn möglicherweise eine Fleischereiauslage bespritzt oder beschädigt wird. Zudem sind diese Aktionen, die möglicherweise privates Eigentum beschädigen, das außerdem versichert ist, etwas gänzlich anderes als die wütenden Aktionen der Viehzüchter oder Hochseefischer, die 1994 nicht gezögert haben, das Parlament der Bretagne anzuzünden, oder regelmäßig Straßen blockieren, indem sie darauf Mist abladen. Trotzdem wurde innerhalb der Gendarmerie nationale eine Sondereinheit mit dem Namen »Demeter« geschaffen, um ausschließlich im antispeziesistischen Milieu zu ermitteln und für den Schutz der Viehzüchter:innen zu sorgen.

Das könnte darauf hinweisen, dass die Direkte Aktion realen Einfluss hat, da sie die Regierung zu beunruhigen scheint. Überdies ermöglichen diese Direkten Aktionen, die die Medien anziehen und die Öffentlichkeit schockieren, dass moderatere Antispeziesist:innen sich ergänzend Gehör verschaffen können (nach der Methode »good cop/bad cop« in Filmen und Krimi-Serien).

---

[1] Tiphaine Lagarde, »Une défense de l'action directe«, *Véganes,* Nr. 2, 2017, S. 130–135, hier S. 134.

Jean-Marc Gancille erwähnt in diesem Zusammenhang die notwendige Diversität der Ansätze:

> Die Eliten danken nie aus einer plötzlichen Eingebung heraus freiwillig ab und teilen ihre Macht. Demokratische Errungenschaften und Gerechtigkeit erzielen nur durch unterschiedliche, sich ergänzende Taktiken im Dienst ein und derselben Sache Fortschritte, unter anderem den Rückgriff auf Formen von Nötigung und Direkter Aktion, die darauf abzielen, den repressiven Interessen symbolisch oder wirtschaftlich zu schaden.[2]

Der Antispeziesismus wirkt sehr wohl auf der symbolischen Ebene im Kampf gegen die speziesistische kulturelle Hegemonie mit ihren riesigen ökonomischen Einsätzen. Er ist ein Befreiungskampf unter anderen …

Befreiungen und Dekonstruktionen

In einem seiner ersten Beiträge zum Tierrecht im Jahr 1973 stellte Peter Singer die Befreiung der Tiere in eine Reihe von Befreiungskämpfen. Er schrieb:

> Die Befreiungsbewegung der Schwarzen, die Befreiung der Schwulen und eine Vielfalt weiterer Bewegungen sind

---

[2] Jean-Marc Gancille, *Carnage. Pour en finir avec l'anthropocentrisme,* Kapitel »Lutter«, a. a. O., S. 185–187.

> uns vertraut. Mit der Befreiung der Frauen dachten einige, am Ende des Weges angelangt zu sein. Die Diskriminierung aufgrund des Geschlechts, so wurde gesagt, ist die letzte Form von Diskriminierung, die allgemein akzeptiert und offen praktiziert wird, selbst in liberalen Kreisen, die lange stolz darauf waren, frei von jeder Rassendiskriminierung zu sein.[3]

Diese Parallelen sind nicht selbstverständlich und können gelegentlich schockierend wirken. Als der Verein Peta in einer Kampagne, die Bewusstsein für das Schicksal der Schweine schaffen sollte, in einer stilisierten Zeichnung das Schicksal eines aufgehängten und blutenden Schweins mit dem eines erhängten Schwarzen in den Vereinigten Staaten zur Zeit der Rassentrennung verglich, empörte dies schwarze Gemeinschaften. Schlimmer noch, wenn Parallelen zwischen dem Schicksal der Juden in den nationalsozialistischen Todeslagern und dem der Tiere in industriellen Schlachthöfen gezogen werden, trifft das auf vehementen Widerspruch.[4]

Anstatt jeden Vergleich im Zeichen der Macht menschlicher Vorherrschaft zurückzuweisen, behalten die Aktivist:innen, die für die Konvergenz der Kämpfe eintreten, folgenden Satz von Martin Luther King im Ge-

---

[3] Peter Singer, »Animal Liberation«, *The New York Review of Books,* 5. April 1973.

[4] Zum diskursiven Einsatz dieser Parallelen und ihrer Relevanz, vgl. Jérôme Segal, *Animal radical,* a. a. O., Kapitel 4.

dächtnis: »Wenn irgendwo Unrecht geschieht, ist die Gerechtigkeit überall in Gefahr« (*Injustice anywhere is a threat to justice everywhere*). Der Kapitalismus, der sich unter Missachtung jeder moralischen Rücksicht rasch wieder dem Wettlauf um Profit zuwendet, kann so als gemeinsamer Feind erscheinen, als gemeinsames Thema der Kämpfe. Das trifft auf den Antispeziesismus einer markanten feministischen Protagonistin der Befreiungsbewegung der Schwarzen in den Vereinigten Staaten zu, Angela Davis (geboren 1944). Im Gespräch mit einer US-amerikanischen Autorin, Philosophin und Feministin, Grace Lee Boggs, erklärte Angela Davis:

> In der Regel erwähne ich nicht, dass ich vegan lebe, aber das hat sich entwickelt [...] Ich glaube, jetzt ist der richtige Zeitpunkt, um darüber zu sprechen, da es Teil einer revolutionären Perspektive ist: Wie können wir nicht nur mitfühlendere Beziehungen zu den Menschen entwickeln, sondern auch zu den anderen Geschöpfen, mit denen wir diesen Planeten teilen? Das würde bedeuten, die gesamte industriekapitalistische Form der Lebensmittelproduktion in Frage zu stellen. [...] Ich denke, das Fehlen von kritischem Engagement in Bezug auf die Nahrung, die wir essen, zeigt, wie wesentlich die Warenform für unsere Wahrnehmung der Welt geworden ist. Wir gehen nicht über das hinaus, was Marx den Tauschwert des tatsächlichen Gegenstandes nannte, wir denken nicht an die Beziehungen, die dieses Objekt verkörpert und die für die Produktion dieses Objekts bedeutsam waren, sei es un-

> sere Nahrung, unsere Kleidung […] oder alle anderen Gegenstände, die wir benutzen […].[5]

David Nibert, Professor für Soziologie an der Universität Wittenberg in Ohio, ist einer der Autoren einer Sondernummer über Critical Animal Studies. In seinem Beitrag untersuchte er die Gemeinsamkeiten zwischen der Entwicklung des militärisch-industriellen Komplexes und dem, was er den »tierindustriellen Komplex« nennt:

> Heute, im 21. Jahrhundert, führt die gesamte destruktive Entwicklung des Kapitalismus zu hyper-prädatorischen Praktiken […] und der Normalisierung eines Überwachungs- und Unterdrückungsstaats, und währenddessen bemüht sich der tierindustrielle Komplex, den Konsum von Tierprodukten bis zur Mitte des Jahrhunderts gewinnträchtig zu verdoppeln.[6]

Diese engagierten und entschieden antikapitalistischen Forscher:innen bringen eine Konvergenz der Kämpfe in Stellung, zu der auch historische Gestalten der antispeziesistischen Bewegung wie Ronnie Lee (geboren 1951) aufrufen. Lee gründete 1976 die Animal Liberation Front, und nach neun Jahren Gefängnis für Direkte Ak-

---

[5] Gespräch zwischen Grace Lee Boggs und Angela Davis, 20. Februar 2012, http://bit.ly/Boggs-Davis.

[6] David Nibert, »Foreword«, *Counterpoints* 448, 2014, S. IX–XII, hier S. X.

tionen im Dienst der Tierrechte entschied er, seinen Kampf auf die Sensibilisierung der Öffentlichkeit auszurichten. Im selben Band wie David Nibert schreibt er:

> Die lokalen veganen Sensibilisierungsgruppen müssten meiner Meinung nach andere lokale Gruppen unterstützen, die Kampagnen gegen Diskriminierung und Unterdrückung führen, und sich mit ihnen identifizieren. Zum Beispiel hat die lokale Gruppe, in der ich mitarbeite, an der Gay Pride teilgenommen und wir bringen uns mit unserer Sektion der Grünen in Kampagnen für den Umweltschutz, gegen Rassismus oder auch gegen die Regierung oder lokale Behörden ein, die Budgetkürzungen beschließen, die vulnerable Menschen betreffen.[7]

Auf philosophischer Ebene entstehen diese Konvergenzen dank eines Dekonstruktionsprozesses, der über eine einfache Kritik am Kapitalismus hinausgeht. Gegen Ende seines Lebens interessierte sich Jacques Derrida für den Karnismus und prägte den Begriff »Karnophallogozentrismus«, um den Zusammenhang zwischen dem Logos (dem Subjekt, dass sich als solches durch das »Ich« affirmiert), der Maskulinität und dem Karnismus herzustellen. Dem Umweltschützer Aurélien Barrau zufolge handelt es sich um eine »Infragestellung dieser schrecklichen Hegemonie des rationalen (hier also dessen, der sich sei-

[7] Ronnie Lee, »Preface«, ebenda, S. XIV.

nes guten Rechts sicher ist und nie zweifelt), erigierten (weil er den Anderen seinem eigenen Begehren unterwirft) und fleischfressenden (als archetypisches Bild der Instrumentalisierung von nichtmenschlichen Lebewesen) (weißen, müsste man hinzufügen) Mannes«.[8]

Der Antispeziesismus angesichts der Kultur des Ostrazismus

Der Antispeziesismus nimmt unter den anderen politischen Bewegungen eine klare Sonderstellung ein: Einerseits sind Antispeziesist:innen eine sehr kleine Minderheit, andererseits kämpfen sie gegen Unterdrückungen, deren Opfer sie nicht selbst sind. Die Tatsache, dass der Antispeziesismus (noch?) so wenig verbreitet ist, macht diesen Kampf oft zur Nebensache. »Ja, man kann sich für die Tiere interessieren, aber erst, wenn man Zeit hat, nachdem man sich um die Menschen gekümmert hat.« Auch wenn Marie Huot, Louise Michel und Rosa Luxemburg bereits am Ende des neunzehnten Jahrhunderts auf diese Kritik eingegangen sind (siehe Kapitel 2), werden doch weiterhin Menschen, die sich für die Rechte der Tiere einsetzen, mit ziemlich strengen Ansprüchen konfrontiert.

---

[8] Aurélien Barrau, »Le combat animalier est frère des combats d'émancipation«, *Ballast,* 2. September 2015.

Der Fall von Brigitte Bardot ist hier typisch: Obwohl die von ihr gegründete Stiftung auf allen fünf Kontinenten für Tiere eintritt (und nicht nur für »niedliche« Tiere), obwohl sie sehr früh, bereits zu Anfang der 1960er Jahre, angeprangert hat, was sich in den Schlachthöfen abspielt, obwohl sie eine gewagte Parallele zwischen von Männern verfolgten Frauen und nichtmenschlichen Tieren gezogen hat, die von Jägern gehetzt werden, obwohl sie den Jägern von Babyrobben realistische Umschulungen angeboten hat und über ihre Stiftung heute ehemalige Viehzüchter:innen dafür bezahlt, Rinder zu hüten ... führt ihr Rassismus – der sehr real ist, da sie fünf Mal für Aufhetzung zum Rassenhass verurteilt wurde – dazu, dass allein die Erwähnung ihres Namens als Provokation empfunden wird. Umgekehrt würde jemand, der gegen Rassismus, Sexismus oder die Unterdrückung von sexuellen Minderheiten auftritt, nie für speziesistische Äußerungen geächtet. Ebenso ist es nicht schockierend, sich wegen seines Beitrags zur öffentlichen Schule für Jules Ferry zu interessieren, auch wenn sein kampflustiger Kolonialismus auch hier eine uneingeschränkte Verurteilung verdient.

Auch ohne Verweis auf das Schreckgespenst »Bardot« werden Antispeziesist:innen regelmäßig aufgefordert, rein menschlichen Anliegen den Vorrang einzuräumen und mögliche Verletzungen anderer Aktivist:innen vorauszusehen. Der Vergleich zwischen Tierzucht und Sklaverei zum Beispiel könnte Menschen verletzen, die

Opfer von Rassismus sind. Dasselbe gilt für die Frauen, die es nicht ertragen, wenn Verbindungen zwischen Sexismus und Speziesismus gezogen werden, oder die Arbeiter:innen, die nicht dulden, dass man eine Parallele zur Ausbeutung von Tieren zieht. Diese Verletzungen werden immer mit einem von Herzen kommenden »Aber wir sind doch keine Tiere!« formuliert, als wäre das Schicksal der Tiere natürlich, weil es seit der Jungsteinzeit Tradition hat.

»Woke« Verfechter:innen der Intersektionalität führen innerhalb der Tierrechtsbewegung richtiggehende Verleumdungs- und Einschüchterungskampagnen und beschuldigen andere Aktivist:innen, Opfer von Sexismus, Homophobie, Dickenfeindlichkeit, Rassismus oder anderen Diskriminierungen unsichtbar zu machen.[9] Beispielsweise bleibt die minimalste Äußerung von Vorbehalten bezüglich des Ausdrucks »Tod den Bullen« (frz. *Mort aux vaches)* oder dem Hashtag *#mortauxporcs* ungehört und wird rasch verurteilt.[10]

Gewiss, Antispeziesist:innen haben einen recht bequemen Status, der Bitterkeit auslösen kann, weil sie nicht die Opfer der Unterdrückungen sind, die sie an-

---

[9] Kollektiv, »Contre la culture de l'ostracisme«, *L'Amorce,* 13. September 2020 (online).

[10] Karim Guiderdoni, »Le problème avec les porcs – Retour sur une polémique entre antiracistes et antispécistes«, Webseite Les mots sont importants, 24. Oktober 2020. Anm. d. Ü.: In Frankreich nennt man einen machistischen Mann, der Frauen übergriffig behandelt, »porc«.

prangern. »Rassifizierte« Menschen oder Opfer anderer Unterdrückungen mögen den Eindruck haben, von Antispeziesist:innen nicht verstanden zu werden, die keine Opfer sind, da die wahren Opfer die Tiere sind. 2002, als David Olivier, wie bereits erwähnt der Gründer der *Cahiers antispécistes*, den Begriff »Vegephobie« verwendete, um die Feindseligkeit gegenüber Vegetarier:innen und Veganer:innen zu bezeichnen, entrüsteten sich Verteidiger:innen von sexuellen Minderheiten mit dem Argument, dass Homophobie oder Transphobie wesentlich schwerwiegender seien und in keinem Verhältnis zu dem stünden, was Veganer:innen erleben, die wegen ihres Engagements angefeindet werden (vgl. Schluss des Kapitels 9).

David Olivier fasste diese Schwierigkeit in einem seiner Vorträge gut zusammen:

> Man redet immer von der Konvergenz der Kämpfe, aber konkret damit gemeint ist, dass der Antispeziesismus gegenüber den antirassistischen, antisexistischen, LGBTI-Kämpfen, den Kämpfen gegen wirtschaftliches Unrecht usw. verträglicher werden und lernen muss, sich in ihren Begriffen auszudrücken, dass er vermeiden muss, sie zu kränken. Selten wird über Konvergenz in der umgekehrten Richtung gesprochen.[11]

---

[11] David Olivier, »D'une convergence des luttes à l'autre«, Redebeitrag auf den Estivales de la question animale, 7. August 2018 (Video online).

Muss man nicht letzten Endes, um den Antispeziesismus zu verstehen, hinterfragen, was aus dem Humanismus geworden ist?

9
Zielscheibe Humanismus?

Öffnen wir ein Wörterbuch wie den Larousse. Bei »Humanismus« liest man folgende erste Bedeutung: »Philosophie, die den Menschen und menschliche Werte über alle anderen Werte stellt«;[1] die zweite ist historisch und bezieht sich auf die Renaissance. Der Mensch erhält so sakralen Character, was einer Säkularisierung des christlichen Erbes entspricht: Nicht Gott hat sakrale Eigenschaften, sondern derjenige, der in seinem Bild erschaffen wurde. Der Humanismus bewirkt, ob man will oder nicht, eine hierarchische Unterscheidung zwischen dem Menschen (einem mit der Kultur assoziierten Subjekt) und dem Tier (einem mit der Natur assoziierten Objekt). Der Speziesismus findet in diesem Humanismus seine Rechtfertigung und beide beruhen eindeutig auf einem obsoleten Anthropozentrismus.

---

[1] Anm. d. Ü.: Im Duden lautet die entsprechende Definition »Denken und Handeln im Bewusstsein der Würde des Menschen; Streben nach Menschlichkeit«.

Speziesismus und Anthropozentrismus

Wenn Freud das Wort »Speziesismus« auch nicht verwendet hat, gibt es bei ihm diesbezüglich sehr relevante Aussagen, die den damit verknüpften Anthropozentrismus ansprechen. Die Tatsache, dass der Mensch ein Tier unter anderen ist, konstituiert, was der Begründer der Psychoanalyse die zweite vom Menschen erlittene Kränkung nannte – die erste ist, dass sein Planet nicht im Zentrum des Kosmos steht. Er schreibt dazu:

> Der Mensch warf sich im Laufe seiner Kulturentwicklung zum Herrn über seine tierischen Mitgeschöpfe auf. Aber mit dieser Vorherrschaft nicht zufrieden, begann er, eine Kluft zwischen ihr und sein Wesen zu legen. Er sprach ihnen die Vernunft ab und legte sich eine unsterbliche Seele bei, berief sich auf eine hohe göttliche Abkunft, die das Band der Gemeinschaft mit der Tierwelt zu zerreißen gestattete. [...] Wir wissen es alle, daß die Forschung Ch. Darwins [...] dieser Überhebung des Menschen ein Ende bereitet hat. Der Mensch ist nichts anderes und nichts Besseres als die Tiere, er ist selbst aus der Tierreihe hervorgegangen, einigen Arten näher, anderen ferner verwandt. Seine späteren Erwerbungen vermochten es nicht, die Zeugnisse der Gleichwertigkeit zu verwischen, die in seinem Körperbau wie in seinen seelischen Anlagen gege-

> ben sind. Dies ist aber die zweite, die biologische Kränkung des menschlichen Narzißmus.[2]

Heute rufen antispeziesistische Denker:innen dazu auf, das Werk Darwins weiterzuführen, um auf ethischer Ebene »die Revolution abzuschließen«.[3] Der Unterschied zwischen dem Menschen und den anderen Tieren ist graduell, nicht wesensmäßig. Darüber hinaus sollten wir uns erinnern, dass wir nur ein hominider Primat unter anderen sind. In Ländern, die von starkem religiösem Glauben geprägt sind, ob nun islamisch oder christlich (Saudi-Arabien, Polen, Vereinigte Staaten ...) ging der Speziesismus aus heiligen Texten hervor. In säkulareren oder laizistischeren Gesellschaften wird er von einer anthropozentrischen Auffassung des Humanismus getragen. Die Allgemeine Erklärung der Menschenrechte von 1948 zum Beispiel führt den Begriff der »Menschenwürde« ein, der es erlaubt, den Menschen aus der Tierwelt herauszulösen, denn kein Gesetzgeber würde es wagen, einem Huhn oder Schwein Würde zuzugestehen.

Im Grunde erklärt eine kantianische Moral diesen menschlichen Sonderstatus: Tiere werden als Mittel für die Menschen betrachtet und nicht als Zweck an sich.

---

[2] Sigmund Freud, »Eine Schwierigkeit der Psychoanalyse« (1917), in *Gesammelte Werke,* Bd. 12. Frankfurt/ M.: S. Fischer Verlag, 1966, S. 7f.

[3] Rainer Ebert, »Ethics after Darwin: Completing the Revolution«, *Bangladesh Journal of Bioethics* 11 (3), S. 43–48.

Der Mensch ist das Maß aller Dinge und die Menschlichkeit der Ausdruck seiner Größe. Er kann Tiere somit »würdevoll« töten, sie mit Würde behandeln, ohne je nach ihrer Fähigkeit zu fragen, Subjekte ihres Lebens zu sein. Der Mensch wird auf ein so hohes Podest gestellt, dass nichtmenschliche Tiere nur aus ökologischen Gründen – um die Ressourcen der Erde für die Menschen zu schützen, ohne dass der Klimawandel ihnen zu starke Unannehmlichkeiten bereitet – oder Gründen der öffentlichen Gesundheit – man denke an die Pandemien, die zu 75% durch Zoonosen ausgelöst wurden, oder auch an die Antibiotikaresistenz, die der massive Einsatz von Antibiotika in der industriellen Tierzucht verursacht – die Chance haben, besser behandelt zu werden.

Der Antispeziesismus fordert, diesen anthropozentrischen Humanismus durch einen »Sentientismus« zu ersetzen. Angesichts des Schicksals der nichtmenschlichen Tiere ist die einzige relevante Frage zugleich naiv und tiefgründig: »Und wenn ich das wäre?«: das auf Gitterrost gezüchtete Schwein, der in einem Zoo eingesperrte Gorilla, das Mutterschwein, das zum Säugen in einem Käfig immobilisiert wird, der Stier in der Arena, der Makake, an dem Tierversuche vorgenommen werden, der in einem riesigen Netz erdrückte Fisch ...

Wenn der Humanismus auch historisch ermöglicht hat, die prinzipielle Gleichheit von Menschen zu erklären, so war sein Modell doch der reiche, weiße, männliche, neurotypische Erwachsene. Wenn auch Sklav:innen und Kolonisierten ebenso wie ihren Nachkommen im Namen des Humanismus Würde zugestanden wurde, und sehr viel später auch den Frauen (und hier, auch in der Theorie, noch immer nicht genügend, um in offiziellen englischen oder französischen Rechtstexten »man« und »homme« durch »human« oder »humain« zu ersetzen), so äußert sich der Humanismus heute auch in einer Art von mehr oder weniger bewusstem Kommunitarismus, der es vielen ermöglicht, die Fortschritte der Tierethologie und die Rechte zu negieren, die nichtmenschliche Tiere erhalten müssten.

Humanismus oder menschlicher Suprematismus?

In einem bemerkenswerten Gespräch Ende der 1970er Jahre wagte es der Anthropologe Claude Lévi-Strauss, den Humanismus explizit in Frage zu stellen. In *Le Monde* erklärte er:

> Ich habe das Gefühl, dass all die Tragödien, die wir erlebt haben, zuerst mit dem Kolonialismus, später mit dem Faschismus und schließlich die Vernichtungslager, dass all das nicht im Gegensatz oder im Widerspruch zum angeblichen Humanismus in der Form steht, wie wir ihn seit mehreren Jahrhunderten praktizieren, sondern, würde ich sagen, fast seine natürliche Fortsetzung ist. In gewisser Weise ist es immer ein- und derselbe Schritt, mit dem der Mensch begonnen hat, die Trennlinie zwischen sei-

nen Rechten und jenen der anderen Lebensformen zu ziehen, um diese Grenze später auch in das Innere der menschlichen Spezies zu übertragen, indem nur bestimmte Kategorien als wirklich menschlich anerkannt und von anderen Kategorien getrennt wurden, die dadurch eine Abwertung erfuhren, die genau dem Modell folgte, das dazu diente, zwischen menschlichen und nichtmenschlichen Lebensformen zu unterscheiden. Das ist die wahre Erbsünde, die die Menschheit in die Selbstzerstörung treibt.

Der Respekt des Menschen vor dem Menschen kann seine Grundlage nicht in bestimmten besonderen Würden finden, die sich die Menschheit selbst zuschreibt, denn dann kann ein Teil der Menschheit immer entscheiden, dass er diese Würde besser verkörpert als andere. Vielmehr muss am Beginn eine Art prinzipielle Demut stehen: Würde der Mensch zunächst alle Lebensformen außerhalb der seinen achten, könnte er das Risiko vermeiden, nicht alle Lebensformen innerhalb der Menschheit selbst zu respektieren.[4]

Diesem Ansatz zufolge hat der Humanismus dazu gedient, eine Hierarchie zwischen den Individuen einzuführen und so die »Abnormalen« zu ächten, womit Rassismus, Sexismus, Ageismus, Ableismus (die Ideologie, Menschen im Hinblick auf ihre Fähigkeiten zu diskrimi-

[4] Claude Lévi-Strauss, Interview mit Jean-Marie Benoist, *Le Monde,* 21./22. Januar 1979, S. 14.

nieren) begründet und ganze Subjektkategorien entmenschlicht werden – und natürlich auch der Speziesismus gerechtfertigt wird. Axelle Playoust-Braure und Yves Bonnardel stützen sich auf den Gedanken des Begründers der strukturalen Anthropologie und kritisieren den auf den Fähigkeiten von Individuen basierenden Speziesismus. So erklären sie:

> Wenn die Lobredner:innen der Menschheit die Geschichte, die Kultur oder die Vernunft mobilisieren, sind sie wie Zuschauer, die sich mit ihrer Mannschaft identifizieren und »Wir haben gewonnen« schreien, obwohl sie nie einen Ball angerührt haben.[5]

Dasselbe gilt für die Verteidiger:innen des Stierkampfs, die in diesem »Schauspiel« den Beweis der Überlegenheit des Menschen über das Tier zu sehen meinen, Intelligenz und Anpassung auf der einen Seite, rohe Kraft und Fehlen von Kultur auf der anderen. Der Mensch muss alle anderen Arten beherrschen und innerhalb der Menschheit werden verachtete Gruppen als Tiere betrachtet. Frantz Fanon spricht es in *Die Verdammten dieser Erde* deutlich aus:

---

[5] Axelle Playoust-Braure und Yves Bonnardel, *Solidarité animale*, a. a. O., S. 111.

> Tatsächlich ist die Sprache des Kolonialherrn, wenn er vom Kolonisierten spricht, eine zoologische Sprache. Man macht Anspielungen auf die kriecherischen Bewegungen des Gelben, auf die Ausdünstungen der Eingeborenenstadt, auf die Horden, auf den Gestank, auf das Gewucher und Gewimmel, auf das Gestikulieren. Wenn der Kolonialherr genau beschreiben und das richtige Wort finden will, bezieht er sich ständig auf das Tierreich.[6]

Erinnern wir uns, dass Jules Ferry in den 1880er Jahren die Kolonisierung im Namen des Humanismus rechtfertigte und den überlegenen Rassen eine »Pflicht, die niedrigen Rassen zu zivilisieren« zusprach.

Bevor er zum menschlichen Suprematismus verkam, war der Humanismus nützlich im Kampf gegen religiöse Einflussnahmen, und dies war sogar kennzeichnend für seinen Aufschwung im sechzehnten Jahrhundert. Einige Antispeziesist:innen fordern, wieder an diese inklusive Form des Humanismus anzuknüpfen. Peter Singer zum Beispiel ruft dazu auf, den Bereich unseres Mitgefühls auszuweiten. Wenn *Sapiens* anfangs auch nur auf seinen Stamm Rücksicht nahm, so hat er doch nach und nach die Mitglieder seiner religiösen Gemeinschaft, seiner Nation, und schließlich der Menschheit in den Bereich seiner moralischen Rücksicht einbe-

---

[6] Frantz Fanon, *Die Verdammten dieser Erde*. Aus dem Französischen von Traugott König. Frankfurt/M.: Suhrkamp, 14. Auflage, 2014, S. 35.

zogen. Es liegt noch ein Stück Weg vor uns, um dieses Stadium zu überwinden und die empfindungsfähigen Tiere aufzunehmen.

Insofern die Humanisten im Namen des Rationalismus gegen die religiöse Bevormundung kämpften, müsste dieser durch wissenschaftliche Daten aktualisierte Rationalismus unsere Gesellschaften vom Speziesismus befreien. Einige Autorinnen plädieren so für einen erneuerten Humanismus, der die Prekarität von Leben (Judith Butler) und die Verletzlichkeit der Körper (Corine Pelluchon) berücksichtigt. Aus diesem Blickwinkel ist es möglich, zugleich die menschliche Welt zu erfassen (wobei Behinderungen oder unterschiedliche Formen des Leidens aufgrund der Arbeit oder Lebensbedingungen mitgedacht werden), aber auch den Rest der Tierwelt, indem endlich den empfindungsfähigen Wesen Rechte zugestanden werden. Ist nicht die Solidarität mit schwachen und verletzbaren Menschen der beste Ausdruck unserer Menschlichkeit?

So würden es die Menschenrechte ermöglichen, Personenrechte zu etablieren, wobei die Person durch ihre Empfindungsfähigkeit definiert wäre. Es bestehen jedoch zahlreiche Hindernisse, denn jede Infragestellung des Humanismus bringt den Antispeziesismus in eine heikle Lage …

Die unbequeme Position des Antispeziesismus

In Frankreich, diesem Land, das manche Leute wagen, »das Vaterland der Menschenrechte« zu nennen, bedeutet das Infragestellen des Humanismus einen extremen Verstoß. Paul Ariès, der die Antispeziesist:innen heute beschuldigt, die Rolle der nützlichen Idioten des Kapitalismus zu spielen (vgl. Kapitel 4), hatte um den Jahrtausendwechsel keine Hemmungen, sie als »Saboteure des Humanismus«[7] zu bezeichnen. Der Philosoph Francis Wolff wiederum meint, dass die Verteidiger:innen der Tierrechte Tiere wie Menschen betrachten und deshalb letztlich Menschen wie Tiere behandeln würden. Als erklärter Speziesist ist er der Ansicht, dass das Wohl von Menschen gegenüber dem Tierleid »inkommensurabel« sei.[8]

Ariane Nicolas zufolge, der wir ein Werk verdanken, das den Titel *L'Imposture antispéciste* (*Der antispeziesistische Schwindel*) trägt, liefe das Hinterfragen des Speziesismus darauf hinaus, den Post-Humanismus zu propagieren. So erläutert sie:

> Der Idealkörper der Transhumanen und der Antispeziesisten ernährt sich von Pflanzen und Licht: Er muss wie ein Elektroauto mit »sauberer Energie« aufgeladen wer-

---

[7] Paul Ariès, *Libération animale ou nouveaux terroristes? Les saboteurs de l'humanisme*. Paris: Éditions Golias, 2000.

[8] Francis Wolff, *Trois utopies contemporaines*. Paris: Fayard, 2017.

den. Warum bräuchte er tierisches Fleisch, da er sich doch nicht mehr als Wesen aus Fleisch und Blut denkt? [...] Der Antispeziesismus lässt sich insofern als objektiver Verbündeter des Transhumanismus betrachten, als er sich problemlos mit der Existenz derartiger mechanischer Tiere abfinden könnte.[9]

Die Journalistin fügt hinzu, dass sie fürchtet, Roboter könnten »unsere guten alten Labradore und Pferde« ersetzen. »Und das zweifellos zur größten Freude der Antispeziesist:innen!«

Diese Aussagen bringen einen vielleicht zum Schmunzeln, illustrieren aber die Gehässigkeit gegenüber den Antispeziesist:innen. Die Vegephobie, die am Ende des vorigen Kapitels erwähnt wurde, ist nicht auf die leichte Schulter zu nehmen und zahlreiche Aktivist:innen bezeugen offen feindselige Reaktionen, wenn sie ihrer Umgebung offenbaren, dass sie vegan leben und in die Tierrechtsbewegung involviert sind. Zwei Frauen, die ich im Sommer und Herbst 2020 kennenlernte, hatten interessante analoge Geschichten mit zwei *Comings-out:* einmal, als sie sich als homosexuell outeten, das zweite Mal, als sie von ihrem Antispeziesismus erzählten. Homophobie ist mehrheitlich wenig akzeptiert und diese »Enthüllung« rief bei ihren Arbeitskolleg:innen keinerlei Feindse-

---

[9] Ariane Nicolas, *L'Imposture antispéciste.* Paris: Desclée De Brouwer, 2020, S. 149f.

ligkeit hervor: Die meisten akzeptierten diese Entscheidung. Später, beim zweiten Coming-out, war die Situation paradoxerweise weniger freundlich. Der Antispeziesismus wird nicht als Entscheidung betrachtet, sondern als ethische Haltung, die darauf hinausläuft, Speziesist:innen zu verurteilen, da er einen Gesellschaftsentwurf impliziert, der Veränderungen im Alltag erfordert.

10
Legt der Antispeziesismus einen Gesellschaftsentwurf vor?

Der juristische Standpunkt

Der Humanismus, der historisch dazu beigetragen hat, unter Menschen unabhängig von ihrem Status und ihren sozialen Verhältnissen eine theoretische Gleichheit herzustellen (die allerdings zahlreiche Autoren auf die Männer beschränkten), formulierte in Bezug auf Fähigkeiten: die Afrikaner:innen sind uns gleich, denn sie sind ebenso »fähig zu [...]«, sie haben dieselbe »Menschenwürde«. Axelle Playoust-Braure und Yves Bonnardel verurteilen diese »ableistische Aufteilung der Welt zwischen ›fähigen‹ Vernunftwesen und den anderen Wesen minderen Werts«[1] insofern, als mit dieser rechtlich orientierten Konzeption, die auch auf die juristische Matrix des humanistischen Denkens verweist, die universelle Gemeinschaft der Tiere nicht zu integrieren ist. Für den Antispe-

[1] Axelle Playoust-Braure und Yves Bonnardel, *Solidarité animale*, a. a. O., S. 131. Die umfassendste Darstellung der Verbindungen zwischen Speziesismus und Ableismus findet sich bei Sunaura Taylor, *Beasts of Burden: Animal and Disability Liberation*. New York: New Press, 2017.

ziesismus gilt es also, einen Teil des Rechts auf eine neue Grundlage zu stellen.

Das französische Recht ist entlang einer Unterscheidung zwischen Personen und Gütern aufgebaut, die es vom römischen Recht geerbt hat, und Tiere werden heute weiterhin global der Ordnung der Güter zugeordnet. 2015 wurde im neuen Artikel 515-14 des Code civil ihre Empfindungsfähigkeit anerkannt – »Tiere sind mit Empfindungsfähigkeit ausgestattete Lebewesen« –, wobei paradoxer-, wenn nicht inkohärenterweise gleich hinzugefügt wurde: »Vorbehaltlich der Gesetze zu ihrem Schutz unterliegen Tiere der Ordnung der Güter.« Konkret schränken Kapitel L214 des Landwirtschafts- und Fischereigesetzes (die zur Kodifizierung eines Gesetzes von 1976 gehören) ein, was mit Tieren getan werden kann, seien es Haus- oder Nutztiere. Der erste Artikel, von dem der Verein L214 seinen Namen ableitet, bestimmt: »Jedes Tier, das ein empfindungsfähiges Wesen ist, ist von seinem Besitzer unter mit den biologischen Erfordernissen seiner Art vereinbaren Bedingungen zu halten.« Und schließlich werden auf der Ebene des Strafrechts Misshandlungen, Gewalt oder Grausamkeit gegenüber Tieren in Artikel 521-1 gesondert verurteilt.

In einem Beitrag, der fordert, Tieren den juristischen Status von Personen zuzugestehen, verwies die Philosophin Florence Burgat auf die Widersprüchlichkeit des geltenden Rechts. Individuen ein- und derselben Art, etwa Kaninchen, unterliegen unterschiedlichen Gesetzen, je nachdem, ob sie »mal Labortiere, mal Haustiere, mal Wild, mal Tiere sind, die für ihren Pelz [...] oder auch für ihr Fleisch gezüchtet werden.«[2] Die gesamte Gesetzgebung ist anthropozentrisch, da die Nutzung der Tiere durch den Menschen ihre Rechte oder vielmehr die Einschränkung der Misshandlungen definiert, die sie erleiden.

Der Antispeziesismus fordert, dass empfindungsfähige Tiere als juristische Personen anerkannt werden. Das muss Uneingeweihte nicht empören, die denken, dass es darum geht, Hühnern das Wahlrecht zu geben, da das heutige Recht bereits zwischen physischen Personen (Menschen) und moralischen Personen (Unternehmen, Gesellschaften, Stiftungen oder Vereinen) unterscheidet. Es ginge also darum, eine Kategorie von nichtmenschlichen physischen Personen hinzuzufügen, was im Einklang mit einer boomenden internationalen Bewegung stünde. 2013 sprach das indische Umwelt- und Forstministerium diesen Status den Delphinen zu, wodurch die Möglichkeiten, diese Tiere in Becken in Gefangenschaft zu halten, drastisch eingeschränkt wurden. Im folgenden Jahr wurde in Argentinien für ein 29jähriges Orang-Utan-Weibchen namens Sandra, das im Zoo von Buenos Aires gefangen gehalten wurde, ein Antrag auf *habeas*

---

[2] Florence Burgat, »La personne, une catégorie juridique souple propre à accueillir les animaux«, *Archives de philosophie du droit,* Nr. 57, 2017, S. 179.

corpus[3] gestellt. Nach einem einjährigen Verfahren wurde ihr im März 2015 der Status einer »nichtmenschlichen Person« zuerkannt und heute lebt sie in einem Schutzgebiet in Florida. Die Richterin, die diesen Entscheid verantwortet, Elena Liberatori, erklärte: »Ich habe Rechtswissenschaft studiert, um Unschuldige zu verteidigen, und es gibt nichts Unschuldigeres als ein Tier.«[4]

Gestützt auf die Cambridge Declaration on Animal Consciousness (vgl. Kapitel 1) veröffentlichten auf Tierrecht spezialisierte Jurist:innen 2019 die Erklärung von Toulon, die insbesondere feststellt, dass »Tieren die Eigenschaft der Person im juristischen Sinne zuerkannt werden muss«.[5] Diese Forderung stößt auf einen häufig geäußerten Einwand, der auf der Unterscheidung zwischen »moralischen Objekten« und »moralischen Akteuren« basiert: Nur der moralische Akteur ist fähig, Gesetze einzuhalten (einem Löwen kann man nicht verbieten, Gazellen zu fressen, der Löwe kann jedoch als

---

[3] Dieses im 17. Jahrhundert vom englischen Parlament verabschiedete Gesetz garantiert die individuelle Freiheit und verbietet willkürliche Inhaftierung. Es wurde in zahlreiche Rechtssysteme aufgenommen.

[4] Enric González, »›Sandra‹, la orangutana que se convirtió en ›persona‹«, *El País,* 23. Juni 2019. Ebenso wurde 2017 Cecilia, ein 20jähriges Schimpansenweibchen, als »Person« anerkannt und aus dem Zoo von Mendoza (ebenfalls in Argentinien) in ein brasilianisches Reservat überstellt.

[5] Caroline Regad und Cédric Riot, »Personnalité juridique de l'animal: la Déclaration de Toulon«, *Droit animal, éthique et sciences,* Nr. 106, Juli 2020, S. 7.

moralisches Objekt vor Wilderern geschützt werden). Die Antwort der Antispeziesist:innen beruht auf der Betrachtung von »Grenzfällen« wie Babys oder Personen mit schweren kognitiven Einschränkungen, die Rechte besitzen, jedoch keinen Pflichten nachkommen können.

Allgemeiner gefasst, ermöglicht die Zuerkennung von Rechten an empfindungsfähige Tiere, unsere Gesellschaften auf eine neue Grundlage zu stellen. Darin besteht der Vorschlag der Geographin Jennifer Wolch, die 1996 den Begriff der »Zoopolis« prägte, um eine Form von Urbanismus zu beschreiben, der die Interessen von Tieren berücksichtigt. Diesen Ansatz entwickelten Sue Donaldson und Will Kymlicka in einem Buch weiter, das im antispeziesistischen Umfeld rasch zum Referenzwerk geworden ist und den nüchternen Titel *Zoopolis* trägt.[6] Jenseits der Grundrechte, die für Tiere negativ formuliert sind (Recht, nicht eingesperrt, nicht verstümmelt, nicht auf diese oder jene Weise gejagt oder gefischt zu werden), führen sie je nach deren Verhältnis zu den Menschen Beziehungsrechte ein. Haustiere würden so eine Art »Staatsbürgerschaft« erhalten, die es erlauben würde, ihre Interessen zu berücksichtigen, wildlebende Tiere ein »Souveränitäts«-Recht über ihr Territorium (was etwa bedeuten würde, dass die Menschen systematisch darauf achten würden, Brücken oder Tunnel zu

---

[6] Vgl. den Eintrag »Zoopolis« von Kristin Voigt, in Renan Larue, *La Pensée végane,* a. a. O., S. 621–627, und weiter oben in Kapitel 5.

bauen, wenn sie durch ihr Revier eine Straße anlegen), und schließlich würde Tieren im Schwellenbereich, etwa Ratten oder Tauben, die im Kontakt mit den Menschen leben, der Status von »Einwohner:innen« verliehen.

Das Recht bildet, wie man sieht, die Basis der Organisation der Stadt, wie sie von Antispeziesist:innen entworfen wird, und diese Überlegungen beruhen natürlich auch auf philosophischen Anschauungen.

Der philosophische Standpunkt

Die Konvergenz zwischen den Kämpfen gegen Ableismus, Ageismus und Speziesismus ermöglichte es, eine Ethik der Vulnerabilität als Grundlage einer inklusiveren Gesellschaft zu entwickeln. Erinnern wir uns an die Schriften von Elisée Reclus, der es ablehnte, Individuen, die einen »weniger offenen Gesichtswinkel« haben als der Mensch, dem Tod zu weihen, oder, sogar noch vor ihm, jene von Jeremy Bentham, der meint, dass »die Zahl der Beine, die Behaarung der Haut oder die Art, wie das Kreuzbein endet« keine ausreichenden Gründe darstellen, ein empfindsames Wesen »der Laune eines Peinigers« auszuliefern.[7] Der Antispeziesismus tritt als Erweiterung der Anerkennung von Andersartigkeit an.

---

[7] Siehe oben, jeweils in Kapitel 2 und 1.

Emmanuel Levinas schrieb, dass der Blick in das Antlitz des Anderen die schlichte Bedingung für seine Anerkennung sei: »Das Antlitz ist exponiert, bedroht, als würde es uns zu einem Akt der Gewalt einladen. Zugleich ist das Antlitz das, was uns verbietet, zu töten«.[8] In einem Buch, das sich ausführlich damit auseinandersetzt, wie unsere Sprache den Speziesismus transportiert, zeigte Marie-Claude Marsolier sehr gut, wie unsere Sprache uns einlädt zu glauben, dass »das ›Vieh‹ kein Antlitz hat«: Nase und Mund beziehen sich nur auf Menschen, während ›Schnauze‹ und ›Maul‹ den nichtmenschlichen Wesen überlassen bleiben. Gestützt auf die Schriften von Alain und Derrida bemerkt sie:

> Der Widerstand dagegen, nichtmenschlichen Wesen ein *Antlitz* zuzugestehen, könnte [...] mit dem Widerstand oder dem Widerwillen der Menschen zusammenhängen [...], sich vorzustellen, von den anderen Tieren gesehen und damit spiegelgleich eingeschätzt, beurteilt zu werden.[9]

Einige Philosoph:innen (mehrheitlich Frauen) betonten den Begriff der Vulnerabilität, um die Tiere als Subjekte

---

[8] Emmanuel Levinas, *Ethik und Unendliches. Gespräche mit Philippe Nemo.* Aus dem Französischen von Dorothea Schmidt. Wien: Passagen Verlag, 2022, S. 64.

[9] Marie-Claude Marsolier, *Le Mépris des »bêtes«: un lexique de la ségrégation animale.* Paris: PUF, 2020, S. 44.

zu berücksichtigen. Mit Verweis auf eine Ontologie des Körpers fordert Corine Pelluchon die Anerkennung der Tatsache, dass das empfindungsfähige Lebewesen »ein psychisches und verkörpertes Ganzes ist, eine Einheit, die sich aufgrund von Krankheit, Demenz oder auch im Alter auflösen kann und die im Wesentlichen Vulnerabilität ist«. Es ist unsere Körperlichkeit, die uns, da wir fähig sind, uns des Speziesismus zu entledigen, aufträgt, unser Verhältnis zu den nichtmenschlichen Tieren in unsere Beziehung zum Anderen aufzunehmen, und so zu offenbaren, was die Philosophin die »Wahrheit unseres Bezugs zum Sein« nennt.[10]

Die Biographien von antispeziesistischen Aktivist:innen lassen eine besondere Aufmerksamkeit für vulnerable Menschen erkennen. Erinnern wir uns, dass Henry Spira sich sehr früh »mit den Machtlosen und Vulnerablen, den beherrschten und unterdrückten Opfern« identifizierte, und dass Ronnie Lee die Intersektionalität vertritt, indem er gegen »Budgetkürzungen« kämpft, »die vulnerable Personen« betreffen.[11] Außerdem stellten Historiker:innen fest, dass das grausame Schicksal, das Tieren beschieden ist, häufig vorausahnen lässt, was den Menschen bevorsteht, und dass es auch hier Verbindungen gibt, die zu berücksichtigen sich die

---

[10] Corine Pelluchon, *L'Autonomie brisée: bioéthique et philosophie.* Paris: PUF, 2009, S. 359 und 385.

[11] Siehe oben, jeweils Kapitel 6 und 8.

Mehrheit der Bürger:innen weigert. Vincent Duclert, namentlich Spezialist für den Genozid an den Armenier:innen, stellt etwa fest:

> 1910 entschied das ottomanische Regime, die zahlreichen Hunde zu beseitigen, die die Straßen von Konstantinopel bevölkerten, und sie auf eine Insel zu deportieren. Diese gewaltsame Abschiebung betraf nicht zunächst die Armenier:innen, sie schuf jedoch unter dem Anstrich der Zivilisation eine zerstörerische Logik. Auch die Roten Khmer beseitigten die Haustiere mit unvorstellbarer Gewalt.[12]

In *Die unerträgliche Leichtigkeit des Seins* macht Milan Kundera eine ähnliche Bemerkung hinsichtlich der Ausrottung von Tauben und Hunden zum Zeitpunkt der sowjetischen Besetzung der Tschechoslowakei. Er erklärt dort:

> Die wahre menschliche Güte kann sich in ihrer absoluten Reinheit und Freiheit nur denen gegenüber äußern, die keine Kraft darstellen. Die wahre moralische Prüfung der Menschheit, die elementarste Prüfung (die so tief im Innern verankert ist, daß sie sich dem Blick entzieht) äußert sich in der Beziehung der Menschen zu denen, die ihnen ausgeliefert sind: zu den Tieren. Und gerade hier ist es

---

[12] Virginie Bloch-Lainé, Interview mit Vincent Duclert, *Libération,* 27. Januar 2019.

> zum grundlegenden Versagen des Menschen gekommen, zu einem so grundlegenden Versagen, daß sich alle anderen aus ihm ableiten lassen.[13]

Élisabeth de Fontenay war eine der ersten Philosoph:innen, die sich zur Bedeutung dieser Katastrophe auf philosophischer Ebene äußerten, was den Bruch mit einem metaphysischen Humanismus voraussetzt, der sich weigert, die wissenschaftlichen Fortschritte in Verhaltensforschung, Zoologie und Tierpsychologie zu berücksichtigen. Die westliche Metaphysik baut auf illusorischen Kriterien auf, die das »dem Menschen Eigene« absichern, um so dessen Hegemonie zu rechtfertigen.[14]

Anthropologische Auswirkungen

Den Speziesismus infrage zu stellen, läuft darauf hinaus, unsere westlichen Kulturen tiefgreifend zu verändern, und zwar hinsichtlich zahlreicher Aspekte, die über die Ernährung hinausgehen. Der Antispeziesismus erschüttert unser Verhältnis zu den Tieren und also implizit auch zur Natur. Gewohnt, fremde Kulturen über den Ansatz der teilnehmenden Beobachtung zu untersuchen, bei dem

---

[13] Milan Kundera, *Die unerträgliche Leichtigkeit des Seins.* Aus dem Tschechischen von Susanna Roth. Wien: Hanser, 1984, S. 277.

[14] Élisabeth de Fontenay, *Le Silence des bêtes: la philosophie à l'épreuve de l'animalité.* Paris: Fayard, 1998.

das Leben nichtwestlicher Gesellschaften geteilt wird, sind Ethnolog:innen in der Lage zu erfassen, was der Antispeziesismus für die menschliche Identität bedeutet. So hatte Claude Lévi-Strauss aus Anlass der »Rinderwahn-Krise« in der zweiten Hälfte der 1990er Jahre, die wegen der Übertragung einer degenerativen Rinderkrankheit auf Menschen, zunächst im Vereinigten Königreich, große Angst verbreitete, Erstaunliches zu sagen. Mehr als zwei Millionen Tiere waren geschlachtet worden und 200 Menschen waren gestorben. In einem noch sehr wenig bekannten Artikel fragte sich Lévi-Strauss:

> Doch wie viele sind wir, die [...] nicht an der Auslage eines Metzgers vorbeigehen konnten, ohne ein Unbehagen zu verspüren, da wir sie antizipierend aus der Sicht künftiger Jahrhunderte sahen? Der Tag wird kommen, an dem der Gedanke, daß die Menschen der Vergangenheit zu ihrer Ernährung Lebewesen züchteten und abschlachteten, sicher den gleichen Widerwillen einflößen wird, wie den Reisenden des 16. und 17. Jahrhunderts die kannibalischen Mahlzeiten der [...] Wilden.[15]

Philippe Descola, Professor am Collège de France, der Direktor des von Claude Lévi-Strauss gegründeten sozi-

---

[15] Claude Lévi-Strauss, »Die kluge Lektion des Rinderwahnsinns«, in ders.: *Wir sind alle Kannibalen. Essays des französischen Ethnologen Claude Lévi-Strauss*. Aus dem Französischen von Eva Moldenhauer. Frankfurt/M.: Suhrkamp, 2021, S. 199–211, hier S. 202f.

alanthropologischen Labors war, fordert uns auf, den westlichen Dualismus von Natur und Kultur zu hinterfragen. Diese Dichotomie ist ihm zufolge für den Naturalismus charakteristisch, der neben Animismus, Totemismus und Analogismus nur eine der vier Ontologien ist, die für die Unterscheidung der Verbindungen zwischen Menschen und Nichtmenschen zu beobachten sind. Die Achtung vor Tieren ist in den anderen Denkungsarten wesentlich höher, und die Verbundenheit des Menschen mit einem Ökosystem lässt den Anthropologen schreiben: »Ich vertrete vielmehr die Notwendigkeit, nicht den Individuen, auch nicht den Arten, sondern den Ökosystemen Rechte zu verleihen, sie zu juristischen Personen zu machen.«[16] Auch hier, wie bei den oben erwähnten Tieren, entspricht dieser Standpunkt realen juristischen Fortschritten, da 2017 zwei heilige Flüsse im Norden von Indien, der Ganges und der Jamuna, rechtlich als juristische Personen anerkannt wurden.

Diese Achtung der Ökosysteme könnte als Widerspruch zum antispeziesistischen Denken erscheinen, da die Vorstellung der Empfindungsfähigkeit hier völlig vernachlässigt wird (vgl. Kapitel 5). Im Akt des Fleischessens wird ein zutiefst kultureller und symbolträchtiger Akt vollzogen, der mit den Opfergaben der ersten Zivili-

---

[16] Mariana Gameiro, »La condition animal au prisme du ›tournant ontologique‹: entretien avec Philippe Descola«, *Horizontes Antropológicos,* Nr. 56, 31. März 2020, S. 293–311.

sationen zusammenhängt. In *L'Humanité carnivore* (*Die fleischfressende Menschheit*) interessierte sich Florence Burgat für diese Tradition und erklärt heute, warum es schwierig sein könnte, das aus dem Tod hervorgehende Fleisch durch Kulturfleisch zu ersetzen. Um seine Herrschaft über die anderen Tierarten zu festigen, müsse der Mensch nicht nur essen, sondern auch töten.[17]

Bevor der »Tag der Abschaffung« der Tierzucht – und allgemeiner des Speziesismus – anbricht, wie ihn der Essayist Thomas Lepeltier imaginiert hat, wird eine grundsätzliche Infragestellung unserer Gesellschaft notwendig sein.[18] Dies setzt auch eine Arbeit an der Sprache voraus, um ein Bewusstsein dafür zu schaffen, wie sehr sie derzeit dem Speziesismus dient.[19] Der Antispeziesismus ist eine zugleich politische, philosophische und kulturelle Bewegung, und die Chancen stehen gut, dass er die kommenden Jahrzehnte nachhaltig prägen wird.

---

17 Florence Burgat, *L'Humanité carnivore*. Paris: Le Seuil, 2017; Sonya Faure, »Florence Burgat: ›La viande de synthèse répond aux contradictions contemporaines‹«, *Libération,* 4. Dezember 2020.

18 Siehe den Epilog in Thomas Lepeltier, *Les Véganes vont-ils prendre le pouvoir?* Paris: Éditions le Pommier, 2019.

19 Marie-Claude Marsolier, *Le Mépris des »bêtes«,* a. a. O.

Literaturverzeichnis

Adams, Carol J.: *Zum Verzehr bestimmt: Eine feministisch-vegetarische Theorie.* Aus dem Englischen von Susanna Harringer. Wien u.a.: Guthmann-Peterson, 2002.

Andersen, Kip und Keegan Kuhn: *Cowspiracy. The Sustainability Secret.* 2014.

Ariès, Paul: *Libération animale ou nouveaux terroristes ? Les saboteurs de l'humanisme.* Paris : Éditions Golias, 2000.

— *Lettre ouverte aux mangeurs de viandes, de fromages et buveurs de laits qui souhaitent le rester sans culpabilisier.* Paris : Larousse, 2019.

Baillargeon, Normand: *L'Ordre moins le pouvoir. Histoire et actualité de l'anarchisme.* Montréal : Lux, 2004 ; Marseille : Agone, 2008.

Barrau, Aurélien: »Le combat animalier est frère des combats d'émancipation«, *Ballast,* 2. September 2015.

Bentham, Jeremy: *An Introduction to the Principles of Morals and Legislation.* A new edition, corrected by the author. London : 1828.

Blanchon, Françoise: »Au sujet de la ›pureté‹«, *Les Cahiers antispécistes* 7, 1993.

Bondon, Roméo: *Le Bestiaire libertaire d'Élisée Reclus.* Lyon : Atelier de creation libertaire, 2020.

Bondon, Roméo und Élias Boisjean: *Cause animale, luttes sociales (anthologie).* Lorient : Le Passager clandestin, 2021.

Bonnardel, Yves und Axelle Playoust-Braure: *Solidarité animale : défaire la société spéciste.* Paris : La Découverte, 2020.

Bouissou, Julien: »En Inde, le cauchemar de la vache errante«, *Le Monde magazine,* 5. April 2019.

Burgat, Florence: *Ahimsa : violence et non-violence envers les animaux en Inde.* Paris : Maison des Sciences de l'Homme, 2014.

— »La personne, une catégorie juridique souple propre à accueillir les animaux«, *Archives de philosophie du droit,* Nr. 57, 2017.

— *L'Humanité carnivore.* Paris : Le Seuil, 2017.

Colson, Daniel: *Petit lexique philosophique de l'anarchisme – De Proudhon à Deleuze.* Paris : Librairie Générale française, 2001.

Confédération paysanne: *Cause animale, cause paysanne.* Paris : Utopia, 2020.

Dardenne, Émilie: »Un épargneul, une femme et un noyer, plus nous les battons, meilleurs ils sont« : Frances Power Cobbe, la féminité et l'altérité«, *Revue LISA. Littératures, histoire des idées, images, sociétés du monde anglophone,* 2005.

— »Portrait de Henry Stephens Salt, penseur et militant aux engagements multiples«, *Les Cahiers antispécistes,* Nr. 24, 2005.

— *Introduction aux études animales.* Paris : PUF, 2020.

Davranche, Guillaume: *Dix questions sur L'anarchisme.* Montreuil: Libertalia, 2020.

Dennis, Soron: »Road kill commodity fetishism and structural violence«, in John Sanbonmatsu (Hg.), *Critical Theory and Animal Liberation.* Lanham, MD: Rowman & Littlefield Publishers, 2011, S. 55–69.

Donaldson, Sue und Will Kymlicka: *Zoopolis. Eine politische Theorie der Tierrechte.* Aus dem Englischen von Joachim Schulte. Berlin: Suhrkamp, 2013.

Ebert, Rainer: »Ethics after Darwin: Completing the Revolution«, *Bangladesh Journal of Bioethics* 11 (3), S. 43–48.

Eudoxie: »›Tous les jours, je suis abattue‹«, *Prostitution et Société,* September 2014.

Fanon, Frantz: *Die Verdammten dieser Erde.* Aus dem Französischen von Traugott König. Frankfurt/M. : Suhrkamp, 14. Auflage, 2014.

Faure, Sonya: »Florence Burgat : ›La viande de synthèse répond aux contradictions contemporaines‹«, *Libération,* 4. Dezember 2020.

Finkielkraut, Alain: *Des animaux et des hommes.* Paris : Stock, 2018.

De Fontenay, Élisabeth: *Le Silence des bêtes : la philosophie à l'épreuve de l'animalité.* Paris : Fayard, 1998.

Francione Gary L. und Anna Charlton: *Animal Rights: The Abolitionist Approach.* O.O.: Exempla Press, 2015.

Freud, Sigmund: »Eine Schwierigkeit der Psychoanalyse« (1917), in *Gesammelte Werke,* Bd. 12. Frankfurt/ M.: S. Fischer Verlag, 1966.

Gaardner, Emily: *Women and the Animal Rights Movement.* New Brunswick, NJ: Rutgers University Press, 2011.

Gameiro, Mariana: »La condition animal au prisme du ›tournant ontologique‹ : entretien avec Philippe Descola«, *Horizontes Antropológicos,* Nr. 56, 31. März 2020, S. 293–311.

Gancille, Jean-Marc: *Carnage – pour en finir avec l'anthropocentrisme.* Paris : Rue de l'échiquier, 2020.

Gheihman, Nina: »Industrie végane«, in Renan Larue, *La Pensée végane : 50 regards sur la condition animale.* Paris : PUF, 2020, S. 323–334.

Gide, Charles: »Une classe de travailleurs oubliés«, *La Revue socialiste,* Nr. 7, Juli–Dezember 1888, S. 51–53.

Giroux, Valéry: *L'Antispécisme.* »Que sais-je ?«, Nr. 4142, PUF, 2020.

Godlovitch, Stanley, Roslind Godlovitch und John Harris: *Animals, Men, and Morals: An Enquiry into the Maltreatment of Non-Humans.* London: Victor Gollancz, 1971.

Goldberg, Dan: »Peter Singer: menace or moral hero?«, *The Jerusalem Post,* 1. Juli 2012.

González, Enric: »›Sandra‹, la orangutana que se convirtió en ›persona‹«, *El País,* 23. Juni 2019.

Grušovnik, Tomaž, Reingard Spannring und Karen Lykke Syse: *Environmental and Animal Abuse Denial: Averting Our Gaze.* Lanham, MD : Rowman & Littlefield, 2020.

Guiderdoni, Karim: »Le problème avec les porcs – Retour sur une polémique entre antiracistes et antispécistes«, Webseite Les mots sont importants, 24. Oktober 2020.

Guillaume, Astrid: »Le mot sentience entre dans le Larousse 2020«, *Droit Animal, Éthique & Science,* Nr. 102, 22. Juli 2019.

Harari, Yuval Noah: *Sapiens: eine kurze Geschichte der Menschheit.* Aus dem Englischen von Jürgen Neubauer. München: Deutsche Verlagsanstalt, 2013.

— *Homo deus: eine Geschichte von Morgen.* Aus dem Englischen von Andreas Wirthensohn. München : C.H. Beck, 2018.

Hild, Sophie: »Qu'est-ce que la conscience ?«, *Droit Animal, Éthique & Sciences,* Nr. 94, 2017.

Huot, Marie. »Le droit des animaux«, *La Revue socialiste,* Nr. 6, 1887.

Kollektiv: »Contre la culture de l'ostracisme«, *L'Amorce,* 13. September 2020.

Kundera, Milan: *Die unerträgliche Leichtigkeit des Seins.* Aus dem Tschechischen von Susanna Roth. Wien : Hanser, 1984.

Kupiec, Jean-Jacques, und Pierre Sonigo: *Ni Dieu ni gène : pour une autre théorie de l'hérédité.* Paris : Le Seuil, 2003.

Lagarde, Tiphaine: »Une défense de l'action directe«, *Veganes,* Nr. 2, 2017, S. 130–135.

Larue, Renan: *Le Végétarisme et ses ennemis.* Paris : PUF, 2015.

— *La Pensée végane.* Paris : PUF, 2020.

Laurent, Éloi: *Et si la santé guidait le monde ? L'espérance de vie vaut mieux que la croissance.* Paris : Les liens qui libèrent, 2020.

Lee, Ronnie: »Preface«, *Counterpoints* 448, 2014, S. xiii–xv.

Leenaert, Tobias: *Der Weg zur veganen Welt: Ein pragmatischer Leitfaden.* Bielefeld: transcript, 2021.

Le Guyader, Hervé: »Doit-on abandonner le concept d'espèce?«, *Courrier de l'environnement de l'INRA,* Nr. 46, 2002, S. 51–64.

Lepeltier, Thomas: *L'Imposture intellectuelle des carnivores.* Paris: Max Milo, 2017.

— *Les Véganes vont-ils prendre le pouvoir?* Paris: Éditions le Pommier, 2019.

Lepeltier, Thomas, und David Chauvet (Hg.): *Plaidoyer pour une viande sans animal.* Paris: PUF, 2021.

Levinas, Emmanuel: *Ethik und Unendliches. Gespräche mit Philippe Nemo.* Aus dem Französischen von Dorothea Schmidt. Wien: Passagen Verlag, 2022.

Lévi-Strauss, Claude: Interview mit Jean-Marie Benoist, *Le Monde,* 21./22. Januar 1979.

— »Die kluge Lektion des Rinderwahnsinns«, in ders.: *Wir sind alle Kannibalen.* Aus dem Französischen von Eva Moldenhauer. Frankfurt/M.: Suhrkamp, 2. Auflage, 2021.

Lu, Donna: »Koalas are being given birth control to fight overpopulation«, *New Scientist,* 1. Januar 2021.

Lugones, Roberto: *Bishnoï, les femmes qui allaitent les gazelles.* 2014.

Malet, Jean-Baptiste: »Pierre, der Genügsame«, *Le Monde diplomatique,* August 2018, S. 22–23.

Marongiu-Perria, Omero: *L'Islam et les animaux.* Atlande, 2021.

Marsolier, Marie-Claude: *Le Mépris des »bêtes«: un lexique de la ségrégation animale.* Paris: PUF, 2020.

Michel, Louise: *Memoiren.* Aus dem Französischen von Claude Acinde. Münster: Frauenverlag, 1979.

Monvoisin, Richard, und Timothée Gallen: »L'espèce est morte? Vive le flux spécien«, *L'Amorce,* Nr. 24, Mai 2020.

Nibert, David: »Foreword«, *Counterpoints* 448, 2014, S. ix–xii.

Nicolas, Ariane: *L'Imposture antispéciste.* Paris: Desclée De Brouwer, 2020.

Olivier, David: »Pourquoi je ne suis pas écologiste«, *Cahiers antispécistes,*Nr. 7, Juni 1993.

— »D'une convergence des luttes à l'autre«, Redebeitrag auf den Estivales de la question animale, 7. August 2018.

Palmer, Clare : »Conservation strategies in a changing climate – moving beyond an ›animal liberation/environmental ethics‹ divide«, *Les Ateliers de l'éthique / The Ethics Forum* 13, Nr. 1, 2018.

— »Assisting wild animals vulnerable to climate change: why ethical strategies diverge«, *Journal of Applied Philosophy,* März 2019.

Patton, Dominique: »Flush with cash, Chinese hog producer builds world's largest pig farm«, *Reuters,* 8. Dezember 2020.

Pelluchon, Corine: *L'Autonomie brisée: bioéthique et philosophie.* Paris: PUF, 2009.

Playoust-Braure, Axelle, und Yves Bonnardel: *Solidarité animale: défaire la société spéciste.* Paris: La Découverte, 2020.

Porcher, Jocelyne: *Cause animale, cause du capital.* Lormont: Le Bord de l'eau, 2019.

Reclus, Élisée, und Louis Tarnowski: *À propos du végétarisme*. Paris: Bartillat, 2020.

Regad, Caroline, und Cédric Riot: »Personnalité juridique de l'animal: la Déclaration de Toulon«, *Droit animal, éthique et sciences,* Nr. 106, Juli 2020.

Regan, Tom: *The Case for Animal Rights*. 3. Auflage. Berkeley: University of California Press, 1983.

Renard, Alexia und Virginie Simoneau-Gilbert: *Que veulent les véganes? - La cause animale, de Platon au mouvement antispéciste*, FIDES, 2021

Ryder, Richard D.: »Speciesism Again: the original leaflet«, *Critical Society,* Nr. 2, 2010.

Sagoff, Mark: »Animal liberation and environmental ethics: bad marriage, quick divorce«, *Osgoode Hall Law Journal* 22, Nr. 2, 1984.

Salt, Henry Stephens: *Animals Rights: Considered in Relation to Social Progress*. London: George Bell & Sons, 1892.

Sand, Shlomo: *Comment le peuple juif fut inventé*. Paris: Fayard, 2008.

Schlossberg, Tatiana: »Seaweed could ›neutralize‹ stubborn methane emissions from cows, slowing climate change«, *Washington Post,* 1. Dezember 2020.

Segal, Jérôme: *Judentum, über die Religion hinaus*. Wien: Konturen, 2017.

— »Voyage en terre végane, au cœur du Néguev«, *Regards,* 20. Januar 2019.

— »Changer le jeu pour changer le monde?«, *L'Amorce,* 26. Januar 2020.

— *Animal radical: histoire et sociologie de l'antispécisme*. Montréal (QC): Lux Éditeurs, 2020.

Séverine: *Sac à tout: mémoires d'un petit chien*. Paris: Félix Juven, 1903.

Sigler, Pierre: »De l'appel à la vertu à l'exigence de justice pour les animaux«, in: Pierre Sigler und Yves Bonnardel, *L'Exploitation animale est une question de société*. 2013.

Singer, Peter: »Animal Liberation«, *The New York Review of Books*, 5. April 1973.

— *Henry Spira und die Tierrechtsbewegung*. Aus dem Englischen von Hermann Vetter und Claudia Schorcht. Erlangen: Harald Fischer, 2001.

— *Praktische Ethik*. 3., rev. und erw. Aufl. Stuttgart: Reclam, 2013.

Stolz, Cédric: *De l'humanisme à l'antispécisme: le xxie siècle est celui des animaux*. Nizza: Éditions Ovadia, 2019.

Taylor, Sunaura: *Beasts of Burden: Animal and Disability Liberation*. New York: New Press, 2017.

Traïni, Christophe: *La Cause animale. Essai de sociologie historique (1820–1980)*. Paris: PUF, 2011.

Val, Jérôme: Reportage auf France Inter, ausgestrahlt am 9. Dezember 2020.

Vilmer, Jean-Baptiste Jeangène: *Éthique animale*. Paris: PUF, 2008.

Waal, Frans de: *Are We Smart Enough to Know How Smart Animals Are?* New York: W. W. Norton & Co., 2016.

Watson, Donald: *The Vegan News*, Nr. 1, November 1944.

Wolff, Francis: *Trois utopies contemporaines*. Paris: Fayard, 2017.

Wurgaft, Benjamin Aldes: *Meat Planet: Artificial Flesh and the Future of Food*. Berkeley: University of California Press, 2019.

Young, Emma: »Featherless chicken creates a flap«, *New Scientist*, 21. Mai 2002.

Danksagung

Mein Dank gilt zunächst Caroline, die mich seit Jahren unterstützt und erträgt, sowie Karin Harrasser und Thomas Macho, die diesen Text in der Reihe »ifk lectures & translations« angenommen haben, und natürlich auch Brita Pohl für die Arbeit an der Übersetzung.